當亞里斯多德遇上佛洛伊德

哲學家與心理師的人生小客廳

The Shrink and the Sage：
A Guide to Living

朱立安・巴吉尼（Julian Baggini）
安東尼雅・麥卡洛（Antonia Macaro）　著
劉宗為　譯

目錄

前言　亞里斯多德之道——005

第一部

第一章　追求完美的自己——025
第二章　何謂幸福——037
第三章　人生目標——047
第四章　找尋真實的自己——059
第五章　一路玩到掛？——071
第六章　被撕裂的自我——081
第七章　處理情緒——095
第八章　應該對甚麼感到自豪？——105
第九章　第六感與直覺——115
第十章　重視外表錯了嗎？——125
第十一章　意志與決心——137
第十二章　應該怎樣愛自己——147
第十三章　自己騙自己——159

第十四章　社會地位——169
第十五章　你有責任感嗎？——179
第十六章　快樂的悲觀主義者——189
第十七章　後悔沒有用？——199
第十八章　人生意義與靈性追尋——211
第十九章　思考與行動——223
第二十章　注意力——233

第三部

第二十一章　給哲學家的心理學——245
第二十二章　給心理治療師的哲學——263
結論：寧靜禱文——281

前言

不論是佛陀或酒吧裡某個疲倦的老酒鬼，任何稍微有點見識的人都會點頭默認作家及廣播人葛瑞森．凱勒（Garrison Keillor）的這段話：「生命是連串的苦痛掙扎，如果想要感受到真正的快樂，有耐心一點，這些痛苦終將過去。」正因如此，市場上才充滿「指導人生」的商品、商人以及廣大的消費者。然而，精明一點的消費者終究會理性地發現：「沒有一則管用。」

當然了，並不存在「唯一」的生活法則，管用的方法因人而異。沒有任何神祕、魔幻般的公式或算式可以讓人擁有美好而滿意的人生。但好幾代人類所累積下來的智慧裡，確實存在某些想法與方法可以幫助我們去面對生命中種種問題。面對它們，彷彿是我們生而為人所必須付出的代價。如果我們能善用這些經驗，就能發展出「實踐智慧」（practical wisdom），也就是有能力思考自身生命，更妥善地選擇未來的生活方式。

著書討論這些問題，容易讓人覺得有點傲慢，好像我們自認已經擁有這些深刻的見解。「實踐智慧」的特徵之一在於，某人「知道」多少東西，不足以讓我們判斷他「擁有」多高深的智慧。幹練的技工用一把螺絲起子能完成的工作，恐怕遠勝於拿到一整車庫工具的門外漢。同樣道理，聰明人可以藉由少許知識去解決許多問題，而愚昧的人知道再多大概也是枉然。所以作者本身也只是宣稱自己擁有一整車庫的知識，並邀請你來看看哪些對你比較有用。

我們車庫裡的知識涵蓋心理治療與哲學層面，但或許會跟你所期待的有落差。尤其一般人普遍都認為，這兩個領域的焦點都在於探索深奧、隱藏的事物。哲學的目的在於揭開表象的面紗，揭露真實世界的原本樣貌，而心理治療的主要工作則在於探索人類的潛意識層面。然而，儘管許多真理還在深處沒被發掘，許多事物也並非表面所見的樣子，但我們沒理由整體把心力放在看不見的一切，而忽略了眼前的現實。例如在心理治療的過程中，當事人自行說出的行為理由，比起那些連他們本人都沒意識到的不明動機，往往更具有參考價值。

我們不打算提出一套全面的大一統理論。我們的觀點、知識與洞見，都是取自數世紀以來的哲學思潮與近代的心理學研究。多年來，我們與許多人聊過，他們都在努力尋找生活之道。這些談話影響了我們，也反映在本書的內容。有這麼多的材料，所以更重要的就是寫作時如何放入前後一貫的架構。我們努力避免漫無章法地東談一點、西談一點，免得本書變成大雜燴，放入太多思想家與體系，給出不相容甚至是前後矛盾的建議。

所以本書的整體精神，一言以蔽之：我們相信，人有能力讓生命更加美好，能解決某些問題，並且讓其他問題變得不惱人；但我們並不相信，持續不斷的滿足感是合理的生活目標，即便有些人的確試圖去達成。我們希望也深信，本書內容對你有幫助，但它們並不能夠解決你的全部煩惱，因為生命中會遭遇的問題無法一概而論。

在本書的第一部，我們會詳細檢視生命中常見的二十個難解議題。第二部則分別闡述我們的研究進路。但在進入正題之前，我們認為先介紹亞里斯多德的基本觀念，對讀者會有助益。在思索生命問題時，這位哲學家兼心理學家深深地影響我們。當我們在思考如何過生活時，他的著作就像活化石一樣珍貴。雖然寫作時間遠在兩千多年以前，並且欠缺在今天視為理所當然的各種知識（對某些事物的理解更是完全錯誤），但他對於人類本質的理解卻比許多當代理論更切實且更有洞見。何謂美好的人生，亞里斯多德的思想給我們非常多的靈感，本書每個篇章都能夠看到他的影響。在我們的觀點中補充一些背景知識，希望有助於釐清本書所探討的各個議題之間的關聯性，甚至對於本書所無法涵蓋的其他問題也能有所啟發。

如果你希望更深入研究，那不妨挑戰一下亞里斯多德的《尼各馬科倫理學》（*Nicomachean Ethics*）。不過它是由許多講稿與筆記集結成冊，讀者得自己找出完整的概要。辛苦歸辛苦，但絕對值得。雖然「必讀經典」已經多如牛毛，但《尼各馬科倫理學》才是實至名歸的好書。

雖然本書兩位作者來自不同的領域，但彼此的角色不是對比，而是合作與互補。至於我們是否提出了正確的思考方向，則交由你來決定。

亞里斯多德之道

實踐智慧

把亞里斯多德界定為哲學家還真是太保守了，他幾乎可謂人類史上最為博學之人。針對邏輯與數學等抽象概念，他寫下一些最根本的哲學論述，此外他也涉足生物學、戲劇以及人間事務的次序等等。從抽象概念到具體事物，他游刃有餘，這項才華在其倫理學著作中更是一覽無遺。美好人生的關鍵為何？他的想法可濃縮在這個概念：實踐智慧（phronēsis，practical wisdom）。如果擁有它，我們就能夠在各種不同處境中做出正確的行為判斷。

問題在於，如何才能培養這種智慧？首先，我們得透過自身的價值觀思考一番，清清楚楚地知道哪些事物能構成美好人生。再來就是設法培養各種技能，好把這份體會付諸實行。過程中，我們得清楚地思索自己、內外處境、周邊的人以及各種可能與不可能的結果。此外，還得培養各種能力去選擇與評估潛在目標，找出最佳方式去達成。最後檢視後果，以這次的學習經驗再做調整與改變。

然而，做出正確決定只是跨出第一步而已。同樣重要的是，能在沒有太多掙扎的情況下順從決定付諸行動。當然，要求自己去貫徹深思熟慮後的決定，遠遠勝過毫無作為，但最理想的狀況是，能夠愉悅且毫無懷疑地去實踐。然而，理性還是必須主導整個過程，讓它發起行為與養成習慣，好發展相關的特質與性格。這麼一來，我們就比較容易自動地做出正確行為，而不需要在每次行動前都反覆思索。

這種能力並無神祕或不可思議之處。特別的是，亞里斯多德的想法甚至近似於當代心理學中的「專家式直覺」（expert intuition）概念。一旦你成為某個領域中的專家，就很容易當下想到最佳的行動方案，不需要反覆思索背後的行為理由。你的判斷當然還是有可能出錯，所以找出背後的行為規律，也是很好的思想活動。然而，我們往往在行為發生之後才會去精確探究背後的理由，因此才需要靠專家的意見以迅速做出較佳決定。在這層意義底下，實踐智慧也可說是一項專門的生活技能。

要培養出實踐智慧並非易事，但亞里斯多德有一套好用的思考工具來幫助我們成長。此即所謂的「中庸原則」（the doctrine of mean）。大意是說，人們在生活中所面對的，並非單純的二元選擇，例如不是武斷就是謙遜、不是勇敢就是膽小、不是享樂就是禁慾等等。相對地，人們必須整體衡量，找出最適合自身以及當前處境的位置，這就是亞里斯多德所謂的中庸。他的描述如下：

> 舉例來說，恐懼、自信、渴望、憤怒、遺憾或一般的快樂與疼痛等等感受，不論是過多或過少，都是不恰當的。在正確的時機、關於正確的事物、針對正確的對象、朝向正確的目的並且以正確的方式去產生這些感受，就是中庸，就是最佳的生活之道。德行（virtue）所涵蓋的就是這些範圍。同樣地，所有行為都可分成過度、不及與中庸。[1]

不過，中庸並不是對所有事情保持無差別的溫和態度。我們不該總是刻意壓抑怒氣，在某些情況下就是得動怒（用什麼方式去展現則是另一回事），但在另外一些情況下也許就沒必要。我們應該根據自身的特殊處境去仔細地調整中庸位

1 Aristotle, *Nicomachean Ethics*, II, 6, trans. Roger Crisp (Cambridge University Press, 2000), p. 30.

置。亞里斯多德相當清楚這點。他明確地指出，行為的中庸標準並不是平均值。就像體重一樣，對一百八十公分高的男人來說，五十公斤過輕，一百公斤則是過重，但是平均值七十五公斤對其他人來說不一定是最適宜的。小骨架的舞者應該纖細一點，健身人士就常超重。同樣地，美好人生的種種面向，也無法用算術找出中庸標準。

或許我們並不熟悉這樣的思考方式，但許多困難的生命議題，其難解之處就在於如何找出中庸之道。我們難免想要變得更加積極冒險、更有自信、更有耐心、更加堅韌、更能夠抗拒即時的滿足感等等。但也會疑惑，是太勉強自己或不夠努力；是太過寬容變成爛好人，還是勇敢過頭顯得魯莽。還有，追逐成就與享樂之間的正確平衡點究竟在哪裡？諸如此類的反覆思索，顯著出現在本書所探討的諸多生命議題中。

大多數的情況下，找到中庸之道並不容易，在此，亞里斯多德給出兩條基本規則。第一，遠離較危險的那一端。看到「熊出沒」的警告標語時，立即折返是否是懦弱的表現？繼續前進又是否展現出適當的勇氣？此時，如果你真的不知該怎辦，那就立即折返吧！畢竟，錯過一趟美好旅程總好過被生氣的灰熊打死。第二，遠離自己自然會傾向的那一端。從人類行為的各種面向看來，大多數的人都容易傾向朝某一端行事。如果你通常傾向於過分謹慎，那麼就應該一點一滴放膽去做，這樣能夠讓自己朝中庸之道推進一點。

朝中庸之道邁進是有可能的，畢竟人類與世上的其他物體不同，具有改變自己的能力。亞里斯多德如此說道：「所有的石頭都會自然地向下掉落，就算讓它習於向上也改變不了，即便有人把石頭向上丟一萬次，也改不了向下的慣性……其他事物亦然，它們自有天生的表現方式，無法使其習於另一種表現方式。」對比之下，良好穩定的性情（即亞里斯多德所謂的德行），並不是天生就有或違背本性，「但自然的確賦予了人們獲得德行的能力，只要長期培養就可以實現了」[2]。

儘管人們的行為奠基於兒童時期的生活經驗（今日可以再增加一項，亦即基因遺傳），但我們還是有責任去培養自己的個性。如何能夠做到性格轉變？最主要的方式乃透過習慣之養成。亞里斯多德寫道：「透過工事成為建築工人，練習

2 Aristotle, *Nicomachean Ethics*, II, 1, trans. Roger Crisp (Cambridge University Press, 2000), p. 23.

彈里拉琴就能成為演奏家。因此，行正義之事就有正義感，言行輕柔就能變得溫和，勇敢行動就會有勇氣。」[3]亞里斯多德的古老洞見再次獲得當代心理學研究的證實。各種形式的行為治療能夠產生效用，正是因為改變行為就能夠改變想法與感受。

這類自我訓練的目的並不是在養成不經思考的自動化反應，而是讓個人的理性思考與當下的反應能夠相互交織發展。關於直覺與反應之間如何互動，亞里斯多德的觀點與心理學家丹尼爾・卡尼曼（Daniel Kahneman）提出的大腦運作模是有相當多的相似性，後者稱為「雙系統運作理論」（Dual Process Theory）。人的大腦具有兩個系統：系統一負責快速、自動化且無意識的思考，系統二負責較為緩慢、有意識的深思熟慮[4]。卡尼曼指出，雖然系統二無法直接控制系統一，但很明顯地，理性還是可以間接影響某些直覺式的反應，例如嘗試改變某些習慣。

當然，改變不會沒有阻力。個性急的人決定要開始培養耐性，那麼一開始首要且唯一的步驟就是違抗本性並控制行為，還要壓抑衝動，不可中斷、忽略難題或放棄努力。如果我們堅持不懈，行為與感受最終都能得宜適中。當我們在行為上的自然傾向與理性上的深思熟慮達到相互和諧的狀態時，就能說擁有德行或最高成就（excellence, aretē）。

美好人生

實踐智慧也包含深刻理解哪些是生命中有價值的事物。例如，除非你明白某件事情是否值得去冒險、要付出多少代價，否則永遠無法判斷懦弱與勇敢之間的中庸之道位於何處。對家人或社群應該多忠誠？它取決於你認為維繫這些關係有多重要，特別是有其他考量暗示你應該一刀兩斷。你所斷定最好的做法，多少反映出你認為哪些生活方式較好、哪些較差。

若有人宣稱某種生活是最好的、所有人都應該追求，我們往往會持保留態度，認為那些選擇只是出於主觀的價值。但另一方面我們也都承認，關於美好人生，當中還是有些元素一體適用，畢竟我們都享有許多共同經驗。至少所有人都

3 Aristotle, *Nicomachean Ethics,* II, 1, trans. Roger Crisp (Cambridge University Press, 2000), p. 23.
4 Daniel Kahneman, *Thinking, Fast and Slow* (Allen Lane, 2011).

會同意，人類的美好生活鐵定與貓或豬的大不相同。在泥漿中打滾有時很有趣，但若像豬一樣那麼頻繁，對人類來說應該不會是美好人生。

數千年來，人們喜歡討論美好人生的必備要素，當作茶餘飯後的哲學遊戲。最重要的幾項要素一直都沒什麼變。李察．拉雅德（Richard Layard）相信，有強烈證據顯示，以下五項是構成幸福最重要的元素：家庭關係、經濟基礎、工作、朋友與社群關係、健康。雖然亞里斯多德較重視生命的充分發展（flourish）而非幸福（參見本書第一部第二章〈何謂幸福〉），他還是以某些常見的疑惑作為討論的出發點。

不像某些同時期的哲學家，亞里斯多德認為某些物質享受是美好人生的適當要素，因為「人類在本質上不是光靠思考就能自己活下來，肉體必須保持健康並獲得充足的食物與其他照顧」[5]。不過，金錢與健康相同，都只是達成目的的工具，所以馬上就被亞里斯多德排除，不能作為人生的最終目標。人們不應該將生命浪費在聚積物質的財產（反正隨時都有可能喪失），而犧牲了其他更有價值的目標。即使處在不利的環境，我們仍可以創造美好生活，就像厲害的鞋匠拿到什麼皮革都能做出最有氣質的鞋子[6]。

亞里斯多德也認為，現代人最常見的目標，如獲得名譽與聲望，同樣不應作為人生中最主要的追尋對象。名聲大多取決於他人的看法以及機緣，也都非常籠統。我們很容易犯錯，純粹只想要他人的認同，但這種尊敬沒有實質意義。自己真正的特質能獲得好人的欣賞，才是真實的讚許[7]。

心理學家普遍將良好的人際關係視為美好人生的關鍵。遺憾的是，他們提出這些報告時，大多只關心人數而非品質，連朋友的數量都有理想標準。一份研究指出，依據個人在學生時期的朋友數量，就能預測出他未來的經濟狀況，每增加一個朋友，未來的收入便會增加兩個百分點[8]。當然，亞里斯多德也非常重視人際關係，他說，很難想像遺世孤立的人會擁有美好人生：「任何人都不會選擇沒有朋友的生活，即便擁有了其他所有的東西。」[9]美好的人生也包含與他人的互

---

5 Aristotle, *Nicomachean Ethics,* X, 8, trans. Roger Crisp (Cambridge University Press, 2000), p. 198.

6 Aristotle, *Nicomachean Ethics,* I, 10, trans. Roger Crisp (Cambridge University Press, 2000), p. 18.

7 Aristotle, *Nicomachean Ethics,* I, 5, trans. Roger Crisp (Cambridge University Press, 2000), p. 7.

8 Gabriella Conti, Andrea Galeotti, Gerrit Mueller, and Stephen Pudney, 'Popularity', ISER Working Paper Series 2009-03 (Institute for Social and Economic Research, 2009).

9 Aristotle, *Nicomachean Ethics,* VIII, 1, trans. Roger Crisp (Cambridge University Press, 2000), p. 143.

動，尤其是奠基於彼此欣賞的堅實情誼，而非只是一同玩樂或利用對方。然而，有智慧的人「也希望擁有獨處的時間」[10]，因為「聰明的人就算獨處也能思考問題，更不用說那些最獨立自主的人」[11]。友情固然重要，但良好的人際關係只是通往美好人生的助力，而非構成要素。

亞里斯多德也思考何謂愉悅。一開始先討論禁慾派。他們認為，只重視身體愉悅的人，生活的方式「僅適合牛隻」[12]。但是亞里斯多德最終提出幾個要點，證明適度的愉悅是必要的。首先，即使是純粹的身體愉悅，只要有所節制，也是有益的。人類本來就是血肉之軀，如果完全忽視身體的愉悅，將會阻礙對美好人生的追求。過度沉迷才是有害的，也會讓人忽視了其他更有趣的目標。

亞里斯多德指出，愉悅可分成許多種。投入有價值的活動，才能得到最好的愉悅。乍聽之下很像菁英分子的偏見。就像十九世紀哲學家彌爾（John Stuart Mill）所做的區分，高等的愉悅來自於藝術與知性活動，身體的愉悅則是低等的[13]。我們不得不懷疑，哲學家是否太刻意證明自己偏好的愉悅高於普羅大眾。其實這個區分重點不在於心智與身體孰為優先，比較像是在強調智性參與和消極被動之間的差異。以聆聽音樂為例，你可以只是左耳進右耳出，也可以有意識地細細品味其美好之處。第一種情況得到的愉悅，在動物與孩童身上也能看到，只有第二種才是人類能獲得的。

這些例子不是亞里斯多德派所提出，但區分的方式完全符合他的想法，也是他的核心觀念。每一種生物都有自身獨特的本性或功能，美好生命的各個面向，都要符合各自的獨特性。因此，對人類來說，要活出美好生命，就要符合我們的本性，也就是理性動物。不過這個說法看似沒什麼說服力，理由有二。首先，我們越來越懷疑所謂的人類本性究竟為何，更別提有他所謂的「天生功能」（natural function）。第二，將理性放在人類生命的核心，似乎有點天真或菁英式論調。比起理性能力，人們的行為不是更受到各種非理性的衝動所驅策嗎？

或許亞里斯多德高估了人類的理性程度。然而，他並沒有忽視我們的血肉之驅，只是認為後者應該受到理性的管理。人類有部分與其他動物相同，不需要去

10 Aristotle, *Nicomachean Ethics*, IX, 4, trans. Roger Crisp (Cambridge University Press, 2000), p. 169.
11 Aristotle, *Nicomachean Ethics*, X, 7, trans. Roger Crisp (Cambridge University Press, 2000), p. 195.
12 Aristotle, *Nicomachean Ethics*, I, 5, trans. Roger Crisp (Cambridge University Press, 2000), p. 7.
13 John Stuart Mill, *Utilitarianism*, Ch. 11 (Fontana, 1962), pp. 258-61.

壓抑與否認，只是我們不該讓它主宰整個生命。

我們不需要將人類本性看成是固定不變的東西，或堅持那是我們應該發揮的功能。要有美好人生，生活方式就要符合我們的本性，意思就是盡可能地發揮自我潛能，不應只把自己當成動物那樣活。這便必須運用到人的理性能力，但不一定僅限於高深的、學術式的思考。如前所見，實踐智慧在亞里斯多德的美好人生觀中具有核心地位，而且每個人都有機會培養出來，不論學問多高。我們所指的理性是廣義的，只是要對比不經思考依據本能行動。

亞里斯多德提出的一些具體觀點看來似乎比較有規範性。舉大家都熟悉的例子，亞里斯多德相信，最好的人生就是將思考當作生命中最核心的活動。但他的理論架構基本上是相當多元的。也就是說，他的理論可以朝不同方向延伸出去，走出獨特的人生的路徑有許許多多。不論是專注於科學、藝術、體育、工藝、戲劇或甚至是對陌生人施以大愛，都是其他生物無法投入的生活，就算是海豚或黑猩猩都無法辦到。

以人類來說，最根本的特性就是有能力深思熟慮、為自己做抉擇，沒有人能給出現成的答案，告訴我們該做什麼。我們所需要的（以及亞里斯多德能提供給我們的），並非一堆規範來減輕我們替自己做決定的責任，而是一種人生哲學，給我們思考的層次，以做出更好的決定。

第一部

第一章　追求完美的自己

心理治療師

試想一下，你成為可實現理想中最完美的自己。你會變得如何？是否會更有自信、更加寬容、交更多朋友或更好相處？是否會炫耀你那豐富的歌劇知識或是對十九世紀俄國文學的熟稔？或是低調地成為多語專家？爬上你的職場頂峰？

我們應該使自己達到最完美狀態，這樣的想法已經深深地嵌入我們時代的大小結構中。市面上許多書籍都在談論自我成長，但我們並非十分肯定該如何實現。在過往，實現的方法簡單明白得多。一八五九年出版《自助論》（*Self-Help*）一書的山謬．斯邁爾斯（Samuel Smiles）認為，人們應該培養勤奮、堅持與節儉等高尚特質。但時至今日，一切似乎變得大不相同，鑑賞紅酒也正式被列入自我成長的項目。相關書籍的建言也常常自我矛盾，為了自我成長，到底應該學習如何表達自己的情緒，還是學著去控制情緒？

同樣地，「實現個人潛能」似乎也變成了一道強制命令，如果沒有徹底做到，即使是最有成就的人也會感到心頭不安。然後，我們就會為了「自認可以做得到的程度」與「實際上做到的程度」之間有落差而責怪自己。還會回想，當初如果有多一點的遠見或付出多一點的勤奮，一定可以完美地實現出所有潛能。

當然，想要讓自己變得更好，絕對是值得讚美的事情，但我們的觀念恐怕在許多方面都是錯誤的。或許最嚴重的錯誤就在過度執迷於追求完美。常見的擔憂是，如果放棄追求完美，就會陷入懶散與漫不經心，只會去做那些可以僥倖成功的事情。同時，我們也會疑惑，是否真的值得將自己的心力獻給各種高標準的殿堂？或許真正的問題出在這樣的二分法：或者完美，或者平庸；如果沒有達到最高標準，那我就是一個失敗者。

我們常常折磨自己，覺得人生中有許多不可質疑、至高無上、一定要完成的事情。理性情緒行為療法（REBT）的創立者艾伯特．艾利斯（Albert Ellis）對此寫下許多建言。比如說，人們都深信，要成為有價值的人，一定要獲得百分之百的成功。艾利斯認為這種信念既不理性也沒有助益。人類不可能達到完美的境地，越執著於「絕對必須成功」的自我要求，就越不會著手進行。太關注於最終的成果，反而讓人失去行動力。

一如往常，斯多葛學派留給後世一些有用的建言。舉射箭為例，斯多葛學派的想法是，發箭時，我們必須盡可能地展現自己的技巧，但永遠無法保證結果一定會正中紅心。我們有能力培養良好的技術，但箭射出之後，結果就不是自己所能掌控的了。我們往往錯誤地以為自己能夠掌控結果，但其實所能掌控的就只有自己付出多少努力而已。

弔詭的是，人如果想實現自我成長，就必須去接受不完美與容忍失敗。如果欠缺這種緩衝能力，追求成長的想法將輕易地轉變成自戀式的自我聚焦，或是自我批判式的完美主義。

另一項可能的錯誤來自於將過多的責任全部攬在自己身上。別誤會，負責任當然是好事，會讓我們真正著手去改變事物。但如果不將周遭條件都納入考量，就對自己太不公平了。我們並非遺世獨立，周遭的環境多少一定會影響個人發展。倘若身處不同脈絡底下，我們或許更能夠發展某些才能與特質，但當下的現實環境卻可能無法提供充足的條件。

最後，我們也可能會過度重視失敗之處，過度看重沒有實現的部分。我們必須接受，自我成長永遠不可能包含生命中所有的面向，試圖實現某些潛能便意味著必須放棄其他潛能。我們所擁有的資源有限，不可能總是把精力平均地投注在各種事務。許多高成就的人都會欣然同意，自己並未成為能力所及最好的人、最好的朋友或夥伴。我們不可能處處都用盡全力、做到完美。這就是人類的真實處境。

其實，有失必有得，我們可以選擇將注意力投注於已經發展的潛能。你或許沒能完全發揮運動或商業上的潛能，但卻因而獲得了美好的家庭生活，反之亦然。我們並非十項全能，應該謹慎思考要將心力投注在哪些方面。例如，嘗試去提升記憶力當然是件好事，但如果投入過多的資源，代價就是錯失其他的發展機會，或其他能力退化。

當然，不能就此推論，人們應該熱切緊抓著自身的不完美，好作為不去努力的藉口。但只有接受自己的不完美，我們才能夠在成果未卜時和善地對待自己與他人。

「追求完美」這種理想應該只能當成一種「理想」。因此，我們應該專注於自己最擅長的事務，同時也得充分理解不完美的必然性。對於這樣的觀念，發明森田療法的日本精神科醫師森田正馬（Shoma Morita）想到一個方便好記的說法：盡力去當一個最好的不完美的人。

無法發揮潛能所帶來的焦躁不滿，其實也有積極的意義，它本身就是對某些價值的肯定。透過這些不滿，我們表達出內心的需求，想要去開展生命迄今所忽略的面向。它們引領人們朝向不同的方向，甚至完成更高的成就。然而，我們必須知道的是，前進的方向永遠比終點來的重要許多。

哲學家

一九二〇年代法國心理學家艾彌爾・庫埃（Émile Coué）認為，人們可以藉由反覆背誦「每一天，每方面，我都變得越來越好」而獲得某種暗示性力量，進而使其成真[14]。姑且先不論這種做法是否具有直接效用，但如果真的有用，那會

14 Émile Coué, *Self Mastery Through Conscious Autosuggestion* (American Library Service, 1922). The phrase is used several times, in the less rhyming form: 'Every day, in every respect, I am getting better and better.'

是多麼美好！畢竟，讓自己變得更好怎麼可能會是一件壞事？

但想到有的人一天到晚都在練習空氣吉他，我們也不得不說，太多的自我成長也不見得是好事。若想成為「成為更好的人」，那麼在某些方面進步會比其他方面來的重要。

試想一下，將我們生命中的道德與能力發展區分開來。增進個人道德，意指更良善地對待他人，對世界有更正面的影響。能力發展則在於投入對自己生命更有益的事：身體更健康、生活更多采多姿、人際關係更深刻等等。追求後一類的成長時，我們就會特別注意能為自己帶來最多收獲的事務：減輕體重、學習新的語言、控制脾氣等等。

我發現有趣的是，人們往往為自我成長計畫提出辯解，證明它有許多利他的面向。例如，如果自己能夠變得更好，就能成為更有趣、更親切又好相處的人。即使是為了追求個人幸福這種最自愛的目的，人們還是會信誓旦旦地說，過得更幸福的人，就會更慷慨、更有同理心並且更加關懷他人。

當然，這其中還是有點道裡，美德大多有助於能力發展。但若要去相信這兩者永遠會齊頭並進，就有點過度樂觀了。我們可以看到許多自私自利的人依舊過著幸福且成功的生活，也會發現有不少聖人寧願犧牲自己的健康、財富甚至是家庭生活，只為了成就更高的善行。

過度關心能力發展，恐怕會使我們的注意力都導向自利的改善活動，而將道德層面貶到次等地位。為了平衡焦點，我們可以先將「自我」二字去除掉，只要努力追求成長。如此，前面提到的庫埃名言就會變成「每一天，在特別重要的層面，我都會盡力去做得越來越好」。

如此一來，問題就轉變為，我們該努力讓哪些事情變得越來越好，以及該做到什麼程度。人們普遍相信，自己正在努力實現的，就是自我潛能。幾乎所有人都自認熟知自己的潛能為何，也有許多人認為能夠指出他人的潛能所在。但是，依據字面定義，若要判斷某人是否真的擁有某項潛能，則取決於發展中、實際上還不存在的狀態。例如，說某人具有成為網球巨星的潛能，就代表那個人現在還不是。因此，當我們在考慮還沒展現出來的能力時，必須注意，潛能要轉變為真實的能力，當中的不確定性比一般人設想的還要高得多。

不說別的，能力只是可能存在，但是無法實現的理由卻數不完。決心、情感支援不足以及環境因素都會讓人失敗。甚至我們就是單純沒有能力而已。許多心懷抱負的藝術家在生涯階段都會遭遇殘酷的事實：我是還不錯的藝術家，但沒有才華可以變成真正傑出的大師。年輕人自認的無限潛能，飽經世事的人也許就會看到其有限之處。

法國哲學家沙特批評潛能這種概念，認為它只會給人不切實際的安慰，讓人們以為，如果情況有所不同的話，其實自己能有所成就。對沙特來說，所有的人都只是「自身行為的總和，除了當下呈現的個人生活，他什麼都不是」。若外在條件有利，自己就可以做到更多，這是一種不切實際的安慰。沙特堅持「只有已發生的現實才是可信的；所有的夢想、期盼或希望等對人類來說都只是虛幻、無效且尚未兌現的東西」[15]。人如果老想著自己的潛能，就是從負面的角度去定義自己，一直在想著自己所沒有實現的東西，而不是正面地去想著自己已經做到的事情。沒有發展出來的潛能單純就只是假設性的能力，只存在於人們的夢想裡，潛能並不是真實人生中某種神祕的存在物。

雖然法國哲學家都不是什麼溫和保守派，但沙特的說法應該是太激進了。但他確實點醒大家，應該去質疑自己是否過度自信，以為能達成某些成就或具有某些潛力。沒有人可以預見未來，也不能肯定時光倒流結局就會不同。你並未積極去發展的那些潛能，實際上就只是假設的能力，但永遠不會知道自己是否真的擁有。

因此，努力去追求自我成長當然是一件好事，但前提是，我們必須摒棄自戀心態，不再幻想那些自我潛能。不過，應該放下多少執著？我認為，在某種意義下，只要不掉入完美主義的陷阱，有時去追求不可能實現的目標也是適合的。這個想法其實是受到反對陣營的啟發，他們擴大解釋康德的原則「應然必須包含實然」[16]（ought implies can）。也就是說，僅當對方有能力做到，才有道理要求對方應該去做。你總不能告訴一個乞丐說他應該捐出一百萬英鎊給慈善單位吧！

以上論述聽起來相當合理，因此當我聽到哲學家西蒙·克里奇利（Simon Critchley）的說法時，大吃一驚。他曾經告訴我，他認為在倫理學中「應然必須

15 Jean-Paul Sartre, *Existentialism and Humanism*, (1948), in *Jean-Paul Sartre: Basic Writings*, ed. Stephen Priest (Routledge, 2001), pp. 36-7.

16 Immanuel Kant, *Groundwork of the Metaphysics of Morals* (1785), trans. Mary Gregor (Cambridge University Press, 1998). 這個耳熟能詳的命題是總結自康德的論證，但他本人未曾使用過。

包含無力做到」[17]（ought implies cannot）。他的意思是，人們應該為自己設立一個永遠無法達成的高目標，因為，一旦對自己所完成的事情感到滿足，人就會失去奮鬥方向。某種類似的精神也出現在耶穌基督的訓諭當中，祂要世人必須愛鄰如己。重點並不在於我們真的能達成。因為有高標準，人們才永遠無法宣稱自己已經做到夠好，因此必須持續地努力提升自己。

不過，我們還是得做個區分，追求高標準與刻板的完美主義並不相同。無法實現的憧憬值得追求，除非過程中的收獲是有價值的。比如說，你想要在時間內抵達某個地點，最後只走到半路，就不能說是成功了一半，而是完全失敗。另一方面，你努力地想成為全國最棒的烏克麗麗彈奏者，最終只成為全鎮第一，那我們還是可以說付出有收獲。完美主義者的問題在於，以為第二名即代表失敗。他們應該反省自己的預設立場，凡事並非全有或全無。此外，也應該確認給自己設下的目標實際上是否是真的做得到。

拼命追求無法達成的目標會使人抓狂，除非你提醒自己那是不可能的任務。如果你欺騙自己說一定可以達成，那就注定讓自己的人生一直活在失望中。大多數的完美主義者所面臨到的問題並不是太過努力地想追求完美，而是相信自己真

的能夠做到。

17 Julian Baggini, 'Truth or dare: An interview with Simon Critchley', *The Philosophers' Magazine*, Issue 40, 1st Quarter 2008, pp. 74-7.

第二章　何謂幸福

哲學家

哲學與心理學大約在一百年前正式分家，兩邊陣營都面對相同的兩難，就是該如何劃分自己領域專屬的典籍。最後，心理學將絕大多數關於幸福與美好人生的論著留給了哲學，而哲學這邊盡責地讓這些老書堆在書架上積灰塵。如今，心理學界又熱切地討論起人生幸福，所以急迫地想挖出這些古籍。

其中一項理由是，心理學家傾向以「微概念」（thin conception，編按：只有描述性的概念，而不具有規範性）的角度來討論幸福，把它當成個人的美好感覺，粗略地透過當事人的自我陳述來衡量其程度。然而，只要看看人們實際上的行為選擇，就會發現，他們認定具有深度意義的事情，不一定都會在心中揚起正面情緒。奧地利哲學家維根斯坦的人生就是明證。這位憂慮、個性強烈的人物，有一段幾乎可信的軼事。他六十二歲時受病魔襲擊，被告知可能僅剩幾天的壽命時，他卻回答道：「非常好！」結果他真的過沒多久就過世了，而他在病床上的最後遺言是：「告訴大家，我過了一個美好的人生。」為他寫傳記的雷・蒙克（Ray Monk）並未對此感到驚訝，但如果維根斯坦所說出的遺言是：「告訴大家，我過了一個快樂的人生。」那就會令人感到困惑了。孟克告訴我：「維根斯坦成就了某種純粹的人生目的，沒幾個人能做到。太多事情佔據了我的時間：孩子、貸款以及其他的日常瑣事。但維根斯坦成功地斷捨離這些俗事，讓自己的生活具有某種典型的純粹與專注。確實，我們可說那是美好的人生。」[18]。

為了解釋這種「快樂」與「美好」的不連貫，心理學家的標準做法是區分「正面情感」（positive affec）與「生活滿意度」（life satisfaction），前者是幸福的心理感受，而後者則是個人評斷自己人生是否幸福。這種區分其實也不容易。心理學家馬丁・塞利格曼（Martin Seligman）就發現，百分之七十的人對生活的滿意程度，其實乃取決於受訪時當下的心情[19]。

為了突破這困境，塞利格曼最近轉向研究「茁壯」（flourish）的概念。「茁壯」適切地表達了希臘文「eudaimonia」的意思，亞里斯多德認為那是人類生命的最高目的。然而，這些討論實在很容易讓人搞混，於是我們常直接就把它解釋為幸福，誤以為茁壯與幸福基本上是一樣的，或是誤以為亞里斯多德主張人類的終極目標就是擁有正向的心情。

亞里斯多德當然不是陰鬱的厭世主義者，他認為愉悅感也是美好、茁壯人生的重要成分。但那只是其中之一，更重要的是，生活方式要符合人類作為理性動物的本性，要善用我們的腦袋並且努力增長智慧。因此我們有時得鐵了心，收起臉上的笑容，投入有意義的事情，或是保持做人做事的原則。我們看重這些事物，並不是因為它們會讓人有好心情（雖然有時的確有效），而是認為成為某種人或過著某種生活，是有價值的。

雖然心理學有助於更清楚了解何謂幸福，但它基本上還是描述性學科，試圖準確地說明人類心智實際上如何運作。問題是，有些較熱切的從業人員與推廣者

18 Julian Baggini and Jeremy Stangroom (eds), *New British Philosophy* (Routledge, 2002), p. 17.

19 Martin Seligman, *Flourish* (Nicholas Brealey, 2011), p. 13.

都認定，心理學可以直接告訴人們究竟「應該」去做些什麼（參見本書第二部〈給哲學家的心理學〉）。首先，科學處理的是基準與平均值，但我們努力要面對的生活都是個別、獨特的。更重要的是，雖然科學有辦法告訴我們可以從事物獲得多少程度的愉悅，但透過哲學分析，我們才能判斷是否從「對的事物」中獲得愉悅，以及該付出多少努力去求取個人的福祉。世界上還有許多人努力才能得到最基本的溫飽，如果我們投入太多時間在個人發展，在道德上當然會有些缺陷。

以科學方式去理解亞里斯多德的eudaimonia，最大的問題或許是，如果我們將某些事物視為達成目的的工具，就會改變它們的意義與價值。以良好的人際關係為例，這是個人福祉的公認指標。問題是，這種心理學觀念實際上可能會玷汙與貶低人際關係的價值，因為它將他人視為通往幸福人生的途徑，而不是把他們看成本身是有價值、可愛的。格雷琴．魯賓（Gretchen Robin）在其著作《過得還不錯的一年：我的快樂生活提案》中寫道，她細數自己在哪些時候會擁抱先生「至少六十秒」，因為，「這是產生大量催產素與血清素的最少時間，這些化學激素能夠讓人心情愉悅進而促進親密關係」。[20]可想而知，當你與人擁抱時滿腦子都在想這些，將會大大改變你的感受，將原本是由衷真心的舉動變為工具性的技能。

心理學當然可以告訴我們許多變快樂的方法與知識。但當我們開始思考哪些事情該做或不該做，就進入了倫理學的領域，就得轉入哲學討論。哲學並非旨在告訴我們該做哪些事，而是幫助我們自行釐清問題。

心理治療師

諮商師的工具箱中有個隨手好用的工具，最早出現於「焦點解決短期諮商」（Solution-Focused Brief Therapy），叫作「奇蹟提問法」（miracle question），問題類似這樣：「假設你今晚睡覺時奇蹟出現，把你前來尋求諮商的一切煩惱全都清除乾淨了。起床後你會注意到什麼？生活將會出現哪些轉變？哪些事物會變得不一樣？」在絕大多數情況下，來談者都會回答：「我會感到非常快樂。」

20 Gretchen Rubin, *The Happiness Project* (HarperCollins, 2010), p. 45.

此時，諮商師繼續追問探詢，如果變得快樂的話，究竟會有哪些不一樣，會去做些什麼，跟什麼人一起做等等。但有時人們不願給出確切的答案，所以快樂仍像是一場虛無飄渺的甜美幻夢。要討論何謂幸福，第一難題就是概念太模糊了。但如果我們不設法去探索確切內容，就沒辦法繼續朝幸福前進。

然而，近幾年主流論述有些轉變。曾經有段日子，就在李察・萊亞德（Richard Layard）於二〇〇五年出版著名的《快樂經濟學》一書前後，人們都一致支持追求幸福的重要性。即使達賴喇嘛也主張，生命的目的在於追求幸福，不過這有點古怪，畢竟我們很難不想到佛教的核心教義：人生皆苦[21]。之後，反對的聲浪變大，哲學界與心理學界皆然。連正向心理學之父塞利格曼都開始譴責，幸福只是膚淺的人生目標，還不如去追求福祉或茁壯這些更豐富、細微且多面向的概念。這些概念所包含的事物，大多是我們為了其本身的價值才去追求，例如從事各種有意義的活動等等[22]。

無可否認的是，追求幸福之說的確有許多矛盾之處。首先，太過關心個人幸福，最後只會適得其反。實際上，試著想要更快樂，就會變得更不快樂。越是想要抓到幸福，就會失去更多幸福。

原因之一在於，我們似乎不太擅長評估哪些東西真的會讓自己感到快樂（或是不快樂）。根據心理學家丹・吉爾伯特（Dan Gilbert）的論述，意外的是，生活環境的巨大變化（不論是正面或負面的），常常只會對個人幸福造成微小且短暫的差異，之後就會回復到常年維持的愉悅或憂鬱程度[23]。

另一項原因在於，當生活沒有出現重大問題，個人處境也都盡如人意，我們往往會將快樂的希望寄託於某些理想的願景。這樣的確能讓幸福變得清楚具體，於是我們著手設定目標，深信自己一定能到達夢想國度。但我們可能會太執迷於假想的未來，因而忽視眼前這個不完美的當下所能夠擁有的幸福。

追求幸福的想法可能導致人們對未來抱有過度期待。閱讀相關的書籍與雜誌文章，我們就會慢慢相信，自己有權也有責任去追求幸福。當外在世界無法配合我們的各種欲求時（時常如此），「一定要確保自己是快樂的」這樣的心態會讓人易於陷入絕望、悔恨甚至是自我譴責。心理學家米哈里・契克森米哈里

21 HH Dalai Lama and Howard Cutler, *The Art of Happiness* (Hodder and Stoughton, 1998).
22 Martin Seligman, *Flourish* (Nicholas Brealey, 2011).
23 Daniel Gilbert, *Stumbling on Happiness* (Alfred A. Knopf, 2006).

（Mihalyi Csikszentmihalyi）在其著作《心流》（*Flow*）中指出，我們若能隨時記住，幸福其實難以獲得，日子會好過一點，因為「這個世界並非設計來滿足人類的舒適需求」[24]。

難道這意味著我們該放棄獲得快樂的各種途徑？或是改善方法就可以了？畢竟，「咬緊牙關完成目標」與「完全放棄」之間還是有差別。不可否認，「幸福」的確是構成富饒人生的要素，更且，如果某些事情真的能讓人感到快樂，實在沒理由不應該選擇去做。在此，「去做」是一個關鍵字眼。依據心理學家丹尼爾・卡尼曼的說法：「增加幸福最簡單方法就是控制時間運用。看你是否能找到更多的時間去做樂在其中的事情？」[25]

認真想一下，哪些事物會使自己感到快樂，哪些會造成反效果？我們應該能找到一些規律：某些愉悅會迅速消失，甚至帶來痛苦的後果；某些愉悅較為持久，還能在事後繼續讓人感到喜悅。我們應該從中記取教訓，將精神轉向那些能夠提供完整滿足感的事物，而不是分心在有強烈吸引力卻膚淺的愉悅。

發明「意義治療法」（logotherapy）的精神病學家維克多・法蘭可（Viktor Frankl）認為，真正重要的是找到快樂的「理由」，然後幸福就會隨之而來[26]。

姑且不論他的結論是否正確，但將心力專注於自己認定有價值且能賦予生命意義的事物，倒是個不錯的策略。法蘭可的說法足以讓我們理解「幸福要繞路追求」這樣的觀念。伯特蘭・羅素（Bertrand Russell）也提出了類似看法，他建議「興趣越廣越好，這特別有助於你決定自身有限的注意力該放在哪裡」[27]。

我們也許不應該把幸福看那麼重。通常我們所謂的幸福不過就是某種感受或心情，而感受與心情是無法完全掌控的。合理來說，最好避免把注意力都放在掌控情緒。「森田療法」以及「接受與承諾療法」（Acceptance and Commitment Therapy）都強調，堅持要保有持續性的正面感受或一味逃避負面情緒，都是錯誤的迷思。這是絕對不可能的事情。相反地，我們在追求生命中看重的事物時，應該讓各種感覺自然來去。

因此，與其找出獲得幸福的步驟要點，我們其實應該去匯集讓人生茁壯的要

24 Mihalyi Csikszentmihalyi, *Flow* (Harper & Row, 1992), p. 8.
25 Daniel Kahneman, *Thinking, Fast and Slow* (Allen Lane, 2011), p. 397.
26 Viktor Frankl, *Man's Search for Meaning* (Rider, 2004).
27 Bertrand Russell, *The Concept of Happiness* (1930), (Routledge, 1993), p. 121.

素：先不管感受為何，去參加你認為重要且值得的活動；慎選範圍，去追求能夠讓你感到快樂的目標；仔細審視自身的各種經驗，進而探尋在日常生活中真的會讓你感到滿足與欣喜的事物，最後再想辦法花時間培養成興趣。

第三章　人生目標

心理治療師

此時此刻，世界各地的人們應該都在忙著追求自己的人生目標。最普遍的目標大概就是減肥；其他較為常見還有尋找人生伴侶、改善工作或經濟情況、以及增進自身能力等等。當然，還包括「活得快樂一點」。不論你身在何處，隨處都可找到各種建議，告訴你怎麼正確地設定目標。當然，大家都知道設定目標的原則就是「聰明」（SMART）：具體（specific）、可衡量（measurable）、可達成（ahievable）、與其他目標相關（relevant）、有時效性（timed）。這個原則還有其他大同小異的組合方式。總之，看起來人人都能接受。設定目標時，這些標準實在找不到可挑剔之處。例如你想要身材更勻稱，就得跑得更好、找到適合的地點運動等等。「從下週一開始，每週我都用三天花一小時半跑步」當然遠比「我會試著做多運動」來的有效。

不過，該如何形成目標，還是有許多討論空間：例如，「結婚」或「加入約會網站」，採取哪一個目標比較好？換言之，應該用「過程」還是「結果」去設定目標的內容？許多自我成長的作者與講師會認為兩者一樣重要。這樣講也不無道理：「過程目標（process goal），例如『加入約會網站』（或你能想到的各種其他方式）將有助於實現結果目標（outcome goal）——『結婚』。」

當我們一心追求想要達到的成果時，往往不願意承認，設立目標雖然有用，但也可能給自己太多壓力。我們可能對「追求目標」感到上癮，整個人生都淹沒在其中：目標清單上完成一項，下一個目標就接踵而至，甚至沒時間慶祝一番。這種遊戲相當累人，隨時都要擔心進度拖延、分心或忽略了什麼事。當然我們不可能贏得這種遊戲。考慮到自身的不完美，解放自己，放下所有的奮力拼搏，哪怕一會兒也好，這樣的想法很誘人卻有點違反常規。我們是否真該丟掉所有的目標，隨著際遇單純生活就好？

有的人認為，我們可以不用那麼緊繃，也不用逼自己要走出舒適區，硬是要做些什麼。但就像所有的動物一樣，人類是具有目的性的生物，對任何事無動於衷絕對不是好事。大多數人並不會選擇被動而靜態的人生。去參與可以實現自身能力的各種活動，對我們比較有益。想要成長與改善處境，這種念頭既自然又美好，我們該認真看待。

心理學家維克多．法蘭可認為，「我現在是什麼樣子」與「將來該變成什麼樣子」，這兩者之間的拉扯，對我們的心靈健全不可或缺：「人類真正需要的並非處於毫無緊繃的狀態，而是努力且辛苦地去追求心甘情願所選擇、值得付出的目標」[28]。契克森米哈里也提出了類似的想法：「只要能夠提供清楚的行動對象與準則，能讓人能專心投入，任何目標都足以給我們的生命帶來意義。」[29]契克森米哈里在他所提出的「心流理論」中指出，目標應該具有一定的困難度，讓人不至於覺得太無聊，但也不能困難到生出太多焦慮。

對人類來說，某些方面有所進展相當重要，而目標能有助於集中心智、指引

28 Viktor Frankl, *Man's Search for Meaning* (Rider, 2004), p. 110.
29 Mihalyi Csikszentmihalyi, *Flow* (Harper & Row, 1992), p. 215.

行為方向。當然我們不需要爆炸性的成長。不要挑戰太大的目標、隨時稍微提醒自己、不斷學習、練習一些稍微困難的事情，就有可能自然而全面地成長。持續下去就對了！

為了確保自己朝著正確的方向邁進，在確立目標之前，建議你先稍微回想自己的價值觀，因為它們能創造更寬闊的視野，有助於我們思考自身的生命。透過「接受與承諾療法」，我們可以清楚了解價值與目標的差異。以旅行為例，目標就好像是在旅程中希望看到的風景，隨著旅程進行，清單上的景點就可以一一打勾；價值則像是指引嚮往方向的指南針，只要你願意，就可以一直走下去。

因此，相較於在一開始就設定好具體目標，例如成為醫生，你可以先選擇想實現的價值，例如幫助他人。這樣做的好處在於使我們持續關注真正重要的事物，而不是被某種既定目標給束縛住了，此外還能發展彈性，畢竟還有很多方式可以實現並擴展類似的價值。不論出於何種原因造成你無法成為醫生，還是有許多職業能夠幫助他人。

價值問題可以再深入討論。你認為對你而言最重要的價值是什麼？你真的能夠實現那些價值嗎？我們需要反省，自己是否在某些階段沒有仔細檢查，被動地吸收某些價值觀。另外，也要交叉檢視各種價值，看看是否有嚴重的矛盾之處，避免形成相互衝突的具體目標。例如，我們若不檢視承諾與自由的價值內涵，就會搞混自己在人際關係中要達成的目標。

坦率地反省自己的價值觀，也能避免常見的錯誤，遇到困難的時候馬上就放棄目標。例如，你希望擁有苗條的身材，可是還有種種考量，不足以讓你願意付出必要的努力去節食與運動。（不過，如果瘦一點能讓自己更健康，我們大概就會會願意改變。）如果能夠在事先想清楚自己的價值觀，我們所設下的目標，才比較真的會努力去實現。

如果不想成為目標的奴隸，還必須避免以下幾項錯誤。首先，我們得體悟到，自己設立的目標最終是否能實現，「機運」發揮很大的作用。太過看重結果性目標（outcome goal，編按：目標達成與否取決於外在環境）是很不牢靠的，容易讓人變成運氣的俘虜。如果我們相信，創造嚮往的生命完全取決於自己，那麼遇到挫敗的時候，就會很難原諒自己。另一項錯誤則在於完全將目光擺在遙遠的未來，無法珍視自己在此時此地所享有的一切。應該找到「奮鬥」與「滿足」的平衡點，在奮力向前的同時也留意到當下所在。追求目標時也懂得隨遇而安，相輔相成才好。

哲學家

「成功」與「失敗」差別僅在一線之隔，而且這條界線還會不斷移動。以英國網球選手提姆．韓曼（Tim Henman）為例，他網球生涯中的成就有目共睹。長達好幾年的時間，他都是英國網球選手中世界職業排名最高者，拿下過十五座職業級世界巡迴賽冠軍頭銜，巔峰時期還曾爬上世界排名第四。如果這不算成功，那什麼叫作成功？然而，作為頂尖的網球選手，韓曼在網球圈中一直被人提起的卻是職業生涯中從未贏得任何一座大滿貫（舉世最具聲望的系列賽事）的冠軍金杯。事實上，他甚至從未打進任何大滿貫的冠軍決賽。因此，當他引退並且接受各界的訪問時，反覆地表示：「單從這點來看，我的確是失敗了。」[30]

如果你想知道「目標」與「成就」的意義與重要性，韓曼的網球生涯是個很好的討論案例。不消說，他的故事顯示出「成功」是個非常相對性的概念。韓曼在二〇〇五年受訪時表示：「今年我是地球上排名第四順位的網球選手。如果你認為這算失敗，那我無話可說。」在許多方面，人們如何設立目標與衡量期望值，當然與身處的周遭環境有關。我們應該從自身所處的當下情境去判定自己的表現好壞。無論達成什麼目標，之後都得更上一層樓，這種想法反而有害無益。

不應該把「完成目標」當成無上命令，也不應該抱有過度期待。假設有兩個人為了實現目的，同樣抱著決心能做的都做，其中一個單純地希望能夠成功，另一個則盲目地相信一定會成功。抱有希望但卻不過度期待才是上策，才能做好準備，面對過程中的逆境甚至最終的挫敗。

不過，許多人都極力主張，想要成功，就得堅信自己一定會成功。抱持這種想法的人擔心，一旦信心動搖，一旦意識到任何失敗的可能性，懷疑感就會乘虛而入，進而腐蝕我們的決心與行動力。如果這對你我或大部分人都成立，那真是令人遺憾的徵兆，代表我們沒有能力去面對太真實的情況，選擇行動方針時就得考慮要「貼近事實」或是「有效就好」。有時確實如此，但那也許是因為我們的觀念使然。把自我信念當成達成目標的必要工具，就是因為我們認為所有的自我

30 Donald McRae, 'Interview—Tim Henman', *The Guardian*, 16 May 2005.

懷疑都是軟弱的象徵，應該拋諸腦後。換言之，「自我懷疑」對行動有負面影響，只是因為我們沒有學著如何與它共處。

還有一項更根本的問題：一開始我們得決定，究竟哪些目標值得去追求。我們往往傾向逃避這類問題，因為我們得去判斷各種活動值不值得投入，而偏偏我們時代的新戒律就是：「不應該評斷他人。」但至少在某些極端的例子裡，我們都能同意某些目標錯的離譜，一點都不應該去追求，例如「淨化」人類的基因庫或禁止他人有宗教信仰等等。在其他的許多情況下，雖然我們不會判斷某些目標在道德上是錯誤的，但還是無法不認為有些不對勁。比如說，像荷蘭人尼耶克・維慕藍（Niek Vermeulen）那樣，收集所有航空公司的嘔吐袋（目前紀錄為五千五百六十八種，持續增加中），進而獲得金氏世界紀錄的認證。如果這類目標可以當成一種成功，我們還是要問，它值得努力去追求嗎？

不過，選擇這類目標究竟錯在哪裡，也非常難以清楚說明。最明顯的問題可能是，這類目標太瑣碎又只是曇花一現：那一刻你獲得榮耀，列入金氏紀錄，但也就僅此而已。問題是，如果我們心態不正確（也許是對的），那許多事物也會變得很瑣碎，也一樣轉瞬即逝。寫出一本暢銷書或是贏得文學大獎，若你以為這種成就會永恆長久，那就是虛榮心在作祟而已。實際上，人們的文學品味總是變化無常，風潮與文學評論的走向也是反反覆覆，因此這些成功不能當成可靠的指標，證明它們舉足輕重。更進一步說，如果認為「值得追求的目標」一定要舉足輕重又恆久，那終將陷入絕望深淵。

在此提出另一種想法。最理想的目標應該是聚焦於行動與狀態，而不是在意完成了什麼。當你將目標設定為完成某些事項，不論是贏得大滿貫金杯或是能夠在一分鐘之內吃下有史以來最多的焗豆，問題在於，實現目標之後，接下來你就會不知所措，只能繼續追求下一個目標，維持這樣的循環，直到你把生活搞垮（或生活把你搞垮）。然而，如果你的目標是成為好的廚師、做出好吃的料理，那麼，達成這目標就代表你成功實現一種生活，它對你有意義且帶來滿足感，其中還充滿了各種你看重的事物。

但要特別留意，若選擇這類目標，有時就得專注地去完成某些事情。例如，如果你想發揮實力成為優秀的網球選手，應該會希望在退休前拿下幾項錦標賽的冠軍；想成為作家，那麼當然會想要寫出幾部完整的作品。關鍵在於，這些目標會有價值，是因為要實現它們，想做的事情、想成為的狀態就一定要達到。實踐讓目標具有深邃的價值，而不只是完成某事，然後在成就清單打個勾而已。

在另一種情況下，行動與狀態可以連結到已完成的事項，那就是當你的目標是利他性的。例如，將乾淨的水送去非洲數十個偏遠部落當然值得追求的目標，這點不需要多加說明。原因在於，如果你成功了，就能夠大大改善某些人的生活，讓他們能夠去追求想做的事情與想成為的樣子。

不過，如果不進一步討論哪些類型的行動與狀態可以當成人生的成就，那前面的討論就不過是空談而已。然而，當哲學家們提出某些答案時，人們就會懷疑這些發言只是順道為自己的立場辯護。例如，亞里斯多德認為最正確的生活方式是「遵循理性，至少不要讓它完全缺席」[31]，這種說法聽起來非常像烘焙師傅在大力宣揚麵包是不可或缺的東西。

事情當然沒這麼簡單。亞里斯多德認為，對人類來說，重要的是選擇生活，足以展現人類最獨特的能力，而不是活得像動物或把人類當成動物而已。亞里斯多德寫道：「相較於人類的一般生活，理性是神聖的。我們應該盡己所能，依循我們內在最高等的元素，儘管它所佔的比例不高，但所具有的力量與價值遠超過其他元素。」[32]或許亞里斯多德考慮得不夠周詳，人類最好的成分不單只有理性，其他事物也能展現神聖光芒。人類的獨特之處並非只有理性能力，還包含雕刻、舞蹈、音樂、出於理解的愛以及栽種作物等等。如果我們把投入這些活動當成目標，即便沒有達到人類潛能的頂峰，但還是可以說做了值得努力的事情。

31 Aristotle, *Nicomachean Ethics*, I, 8, trans. Roger Crisp (Cambridge University Press, 2000), p. 12.

32 Aristotle, *Nicomachean Ethics*, I, 8, trans. Roger Crisp (Cambridge University Press, 2000), p. 196.

第四章　找尋真實的自己

心理治療師

原來你在這裡！為了尋找自我，你嘗試了心理諮商、藥物治療、到世界各地旅行與探險，但到頭來，最真實的那個自我其實被你留在辦公室裡。

說笑歸說笑。其實，不論心理諮商或者生活其他領域，都有各種探索活動，讓我們去尋找隱藏在面具底下的那個真實自我。每個人似乎都渴望去發掘深藏在內心底層的那個自我。探索過程中，我們會依據一些神祕的分別原則：這個人是真實的、那個人是不真實的、這種生活方式是真誠的、那種生活方式是不真誠的等等。我們當然可以很清楚地理解什麼叫作真正的畢卡索。但究竟什麼是真實的自我？

一迷上這類活動，最終很可能會感到極度的思緒混亂，拼命試著去理解自己（或者他人）究竟是不是「真誠」或「真實」的，抑或是「戴著偽裝的面具」。在某些生活圈中，如果你用詼諧的方式去面對人生中的重要事件，會被認定為是一個不真誠的人，因為你偏離了自己的真實感受。不過這種論調要成立，我們就得把「做自己」狹隘地界定為必須完全表現出自己的情緒、反應以及弱點等等。

但是，難道你所有的表現都不真實嗎？有的人並不習慣流露出自己的各種情緒，更別說要叫他在別人面前表現出喜怒哀樂。也許在某種特定的意義底下，我們可以說這樣的表現是「不真實的」。換個角度來看，那個人其實完全展現出了他的「真實」樣貌。不管他的心底是否有什麼波動，就算真的有好了，整體來看，內在情感加上外在不流露情緒，才構成他這個複雜的個體。

從現實的角度來看，某人是否有真實的自我，這種問題既不有趣也沒實際效用。大家比較在意的是，某人是否用誠實的心態去對待自己以及他人；哪些思想與行為模式對他們有益；他們的行動是否有違自己的價值觀，是否有助於實現對自身的期待；維持某種生活方式需要付出多少代價。

所謂的真實自我，或是我們必須忠實面對的某種核心本質，其影響範圍遍及日常生活中的所有面向，諸如工作與人際關係等等：在面對工作逆境時，你是否應該「違背自我」，咬緊牙關、逆來順受撐過去？為了去迎合他人的需求，你究竟該壓抑多少你的真實個性？

許多書籍與雜誌文章都會談到性格類型，更加強化真實自我的觀念。我們可分成四種類型：多血（Sanguine），黑膽（Melancholic），黃膽（Choleric）及黏液（Phlegmatic）。（編按：希臘人以體液的性質與比例來區分性格。）此外還有其他種分法，這幾種較常見：外向或內向；理性、感性、謹慎或直覺；A型性格與B型性格。不過時下最為流行的是「五大性格特質」（Big Five）：心胸開闊、負責任、外向、隨和與神經質。

接下來，我們還有認同標籤，用來定位自我形象。你可能是個英國人、父母、教師、業餘攝影家、壁球選手、退休商人、專注的園藝師傅等等各種身分。用一些鮮明的標籤去掌握自我認同，可以明白地告訴世人：「看！這就是我」。

這種做法甚至讓人感到心安。以一串有力的詞彙去描述自己，能產生一種堅強的假象，足以減緩隱藏在大多數人心底對自身存在的不安全感。它還能增長歸屬感，將自己與其他人凝聚在同一個團體。更令人驚訝的是，就算是貼上負面標籤，這種撫慰效果依舊存在。例如把自己歸為「經濟衰退的受害者」，至少能覺得還有其他人陪你一起受害。

然而，當我們用這種方便簡略的方式描述自我時，自己容易變得頑固。太強化某種認同，會讓人變得沒有彈性，不願意做出妥協。就像有人說「這就是我的調調」或「那不是我的風格」等等。緊抓著某些特定的標籤，一旦它們消失，就會覺得存在的重心頓失，心裡留一下一個沒填滿的洞。投入大半輩子心力工作，但在退休後失去自我認同感，這是很常見的人生經驗。當然，類似的感受更常發生在母親身上，特別是孩子要離開家之時。

過度刻劃自身的形象，會損害你發展的彈性。你不參與某些活動與成為某種人，因為「不是我的風格」，反而會錯失擴展自我的許多機會。如果能以更廣義的方式去描述、聚焦自己的特點，就能隨時提醒自己，特點可以改變。更且，我們有許多潛能與性格還沒浮上檯面，還在發展、還沒標籤化。當然，我們從生涯早期就浮現的傾向與性格，不可能有無限的可塑性，但也並非絕對固定無法變動。

亞里斯多德相信，能改變性格正是人類與其他實體不同之處，後者僅能被動地遵循物理法則而活。改變習慣就能培養出有德行的品格，這也是我們必須負起的個人責任。「做錯事情就是不義之人，該有所承擔。耗費生命於飲酒作樂就是不知節制。不管是哪個領域，人們所進行的活動都會賦予相應的性格。」[33]

我們總是自然（甚至是無可避免地）會將自己的習慣視為「這就是我的風格」，如果不依循它們，那就「不是真正的我」。不過這應該只是老習慣在抗拒改變而已。在一般環境下，我們行使某一串已建構、自動化的行為序列，就會構成習慣，因此我們可以刻意地中斷某個行為環節來改變它。心理學家大衛・尼爾（David Neal）的研究顯示出，我們在吃東西的時候改用非慣用手，就可以改變飲食習慣[34]。另一方面，若想培養出全新的習慣，便必須進行具體而詳細的規劃，在特定的時間地點，以特定的方式表現新行為。因此，現有的習慣並不會困住我們。即使改變習慣會讓人感到不舒服與陌生，但還是值得不斷嘗試。

但過度相信自己的發展彈性，反而會太執著於得花一定代價才能執行的行

33 Aristotle, *Nicomachean Ethics*, X, 7, trans. Roger Crisp (Cambridge University Press, 2000), p. 46.

34 David Neal et al., 'The pull of the past: when do habits persist despite conflict with motives?', *Personality and Social Psychology Bulletin*, November 2011.

為。假設有對情侶伊凡與瑞貝卡，伊凡的個性較為含蓄，而瑞貝卡則善於表達情感。（還有其他個性衝突的組合，諸如愛好整潔與不修邊幅、性慾強烈與性冷感等等。）伊凡認定這是自己改不了的個性，瑞貝卡則相信自己能主動改變性格。這兩個人湊在一起是錯誤的組合，對彼此都不好。瑞貝卡會矯枉過正，把個性改造成伊凡那樣不流露感情，最終她的行事風格就不帶感情，但那是她在交往關係中最看重的一點。瑞貝卡試著做出的自我轉變，完全違反自己本性以及想成為的樣子。在經歷過無數次的心痛後，她才會理解這個錯誤。

然而，每個人在這方面並非都一直保持一貫的態度。「渴望忠於自己」與「相信自己有轉變性格的能力」之間，我們總是搖擺不定。可惜的是，除非真正嘗試過，否則我們永遠不會知道自己的能力到哪，況且我們也常高估或低估自我改變的潛能。我們要面對的挑戰是，找出自己可塑性的極限以及區分各種情況，有時跨出舒適圈很重要，但有時也應該忠於自我。如果你是內向害羞的人，或許認真努力一下，期許自己成為政治家或從事公關工作。你必須去判斷是否將心力用對地方，所付出的代價是否值得。

當然，說的比做的容易。哪裡能找到指引之道？我們的「內在自我」可不一定會發出什麼指示。還是自己誠實反省比較可靠：可能做到哪、要付出哪些代價、自己最深切關注的價值以及最嚮往變成什麼樣子的人等等。這些方法應該也算是「找尋真正的自己」。

哲學家

找尋真實的自我，這種說法最大的問題是，它預設我們都知道自己忠於什麼。事實上，自我本性是難以捉摸的概念，哲學與神經科學能提供的最佳描述，又往往偏離一般人的看法。

討論自我的理論很多，大致上可以分為兩類[35]。以「珍珠觀點」（pearl view）來看，每個人心中都有某種一直存在且不會改變的成分，它們造就現在的我。這大概就是我們憑直覺對自己的看法。但如果想要指出核心這顆珍珠為何，絕大多數討論自我概念的嚴謹思想家都會告訴你：找不到答案。幾乎所有的哲學

35 Julian Baggini, *The Ego Trick* (Granta, 2011).

家（甚至許多神學家）都認為，不存在某種非物質的靈魂，也不相信在肉體死亡之後，有個非物質的生命核心繼續存在。全世界的神經科學家幾乎一致同意，就人類能理解的範圍來看，自我意識並非大腦某部分的功能，也不存在所有經驗的匯聚點。

另一種理論認為，我們的核心非恆久不變的珍珠，而是一堆東西的結合體。你是你所有的思想、感受、經驗、欲望、記憶以及其他許多東西的總和。「你」並不是一個單獨的事物，也不擁有這些機能。這種說法乍聽之下有點奇怪，但其實我們就跟宇宙其他萬物一樣。以水為例，其實就是有組織地由兩個氫原子與一個氧原子組成，它並不是擁有著三個原子附著於其上的單獨事物。同樣地，我們就是思想、情緒、感受、記憶等等的整體組織，而不是一個獨立的個體而擁有這些機能。

那麼，為什麼人們常常陷入珍珠般自我的幻覺？許多神經科學家認為，因為「自傳式的自我」（autobiographical self）將這一大捆機能結合得很緊密。許多實驗指出，跟我們一般的理解不同，其實每個當下所感受到的經驗統整在一起的程度並不高。大腦的不同部位會去意識到不同的事物，彼此也不一定會有意識地交換資訊。不過幾乎是立即性的，某些經驗會變成記憶。過程中，它們被用來組成一貫、連續的敘事，我們因此有了意識的中心以及個人的生命史。

如果將自我視為動態、不斷變化的結合體，而不是直覺地視為長久不變的珍珠，是否會帶來重大的改變？答案是肯定的。如果我們沒有持久不變的核心，那麼真實的自我就不只是既成的事物。反之，透過自身的行為與選擇，一點一滴地形成現在的我。「成為你自己」是一種持續性的自我創造活動，但千萬要了解，它並不是無中生有。自我並非全由個人的思想與行為形塑而成，還包含身體條件、社會環境以及過去的經驗等等。真實的人生不是鐘錶計時裝置，而是保持流動、複雜的動態系統。既然我們屬於這樣的系統，把自己看成它純粹的奴隸或支配者，對生活並沒有幫助。沒有一項東西是完全固定不變或不受約束，都會受到周遭事物的影響。我們應該改變能力範圍內所及的事物，同時意識到無法掌控一切。

既然如此，那我們該怎麼看待個人性格。若認為它天生如此、受環境影響而固定不變，恐怕我們就完全無法討論個人責任的問題。反正善惡表現都是天生的，讚美或譴責也沒什麼意義。另一方面，如果我們可以為自己塑造部分個性，那麼去培養良好的性格特質，對於自己未來的各種選擇與人際關係好壞，就會有真正的影響。

這一點在區分「品性」與「個性」後更為重要。我們比較不會用評斷的角度來看個性，它們是一組合理、固定的特徵，但另一方面，品性就有道德面向了。我們會說某人的品性是好或壞、正直或低劣。即便你認為個性比較不會變，但沒有理由認為道德品性也同樣固定。個性衝動的人可能比較容易出於激情而犯罪，但這不代表他無法控制自己的行為。

當我們認為有固定不變的核心，就會進而影響我們使用認同標籤的方式，包括種族、宗教、國籍與政治等等。人們常常說，不喜歡被放入既定框架，意思就是不喜歡被他人任意地貼上標籤。我們偏愛自己做決定，也樂於以各種方式把自己分到不同領域，因為認同也許能帶來歸屬感，進而讓我們深刻地感覺到自己的樣貌以及在世間所處的位置。

因此，自我認同能夠顯示出自己與他人相異以及共同處。人們多少會希望自己成為廣大社群裡的一分子，但同時也想要保有獨特性。事實上也正應該如此。想要知道作為人類成員的意義，便必須了解，哪些部分是共享的社會環境，哪些部分個人的主觀現實。認同標籤有助於我們釐清人類的雙重本質。我們所選擇的每個認同都是與他人共享的，但全部拼湊起來後就成為認同組合，它就算不是獨一無二，至少也會有高度的個人風格。

不過，認同標籤其實也只能夠指涉到我們與他人的共同處，但永遠不足以顯示出個人的獨特性。我們的多元認同就好像一張未完成的清單，無法說明哪些認同比較重要或它們應該如何結合在一起。因此在政治領域使用太多認同標籤，會造成更嚴重的問題。使用「猶太社群」或「道路使用人」去指稱同質性團體，去表示這些人有共同的核心認同元素，但這樣等於是粗糙地將某些人歸在一起，而實際上他們彼此可能只有一個共同點。

用過度鮮明的性格、品格與群體認同來考量真實的自己，會讓我們以為自己比實際上做人更一致、可預測、好理解以及明確。這就與一般的觀念相衝突，我們都以為人格是一貫的，有延續性、有立場且拒絕改變。但我們的自我確實比珍珠論者以為的更會流動、更朝動態發展。也許，當我們接受自我會隨著時間前後矛盾、波動與演進，才比較能面對真實的自己。如果有人認為自己十年前與十年後均保持不變，那他其實並不是在面對真實的自己，而是真的搞錯了自我的概念。

第五章　一路玩到掛？

心理治療師

我以前常去的靜修中心牆壁上有個標語寫著：「今天該做的事情是：吸氣，呼氣。」這有啟發性嗎？還是讓人困惑？當然它是一段清涼音，畢竟我們有這麼多事情與目標要完成與累積，壓力無所不在，難以逃脫。

如果你運氣夠好，擁有足夠的財富與機會，就比較容易覺得人生真像一家眩目神迷的玩具店。這麼多地方可以看、這麼多書可以看、這麼多音樂可以聽，根本不會覺得無聊。但儘管在今天網路上有一堆資訊告訴你哪些山脈最值得去攀登、哪裡有異國情調的落日景緻、哪邊有野生動物可供拍攝，還可以幫你標記完成事項（類似購物清單），怎麼做選擇還是令人頭痛的問題。

無可置疑，體驗新鮮事物當然是好事。相較於隨著習慣、日復一日地度日子，你可以選擇去做一些能擴展人生視野的嶄新挑戰，可以試著對陌生事物敞開心胸。置身於較無法預料的環境底下，將能夠真正地面對自己，測試並加強你的適應能力。最終，你將擁有更加充實的人生。

我們都知道，保持心靈與身體上的活躍、督促自己去學習新事物，就能老得很健康，還能遠離某些疾病，例如阿茲海默症。有許多研究報告指出，相較於獲得新物品，新鮮的體驗更能讓人感到幸福。

但是，我們不應該認定「體驗更多」是善用生命的唯一方式。首先，如果你過度依賴新體驗以維持樂趣，最終可能會陷入無休止的循環，因為你總是在尋求下一個刺激體驗。不管什麼原因，一旦跟不上進度，就會產生挫折感，覺得自己哪裡不對勁。就跟其他事一樣，如果「一定得」追求多樣生活經驗，反而會變得有壓力，就算你本身就很喜歡嘗鮮也一樣。

追求新體驗原本就值得讚許，雖然我提出一些懷疑論調，但不代表虛度生命也沒關係，比如沉迷於看電視、常常喝到不省人事、不努力去學習新事物或培養有意義的人際關係等等。活在世上的時間有限，最可悲的事情就是浪費生命。所以我們都該自問，「浪費生命」對自己的意義究竟為何？

當然，許多新鮮體驗本身都有價值，但我們還有別的方法可以避免自己被動麻痺地生活。在《心流》一書中，契克森米哈里提到一位老農婦莎拉菲娜。她住在義大利阿爾卑斯山的小村莊，生活總是圍繞著同樣的事：擠牛乳、趕牛隻去牧場、照料果園、收割乾草、整理羊毛等等。雖然生活很辛苦，但人因此與周遭的土地、人群以及動物緊密地結合在一起。如果可以選擇自己想要的生活，這些肯定都是她想做的事。這樣的生活真的沒有挑戰、不會讓人興奮嗎？

我們是否在浪費生命，這問題仰賴於我們與周遭環境的關係。體驗新鮮事物所帶來的興奮感並非生命中唯一的好事，其他許多事物也都有相同價值：簡單純樸、易於滿足、品味日常生活的小確幸與質感等等。做事更用心，就能讓例行生活恢復原本有的朝氣。

季節的規律變化就是個好例子。只要更留心，年復一年反覆出現的事物也能帶來多樣收獲。當然，每個月的時節變化，我們會看到同樣的事物作為標記：畫眉鳥會在二月底左右開始在屋頂與樹梢上唱歌，罌粟花與忍冬類植物會在盛夏時節美麗綻放，各種野莓的出現標示著秋天將至。我們如果能付出更多的關注，將會感受到更多事物，也會使得每一天更加獨特。

我們不能總是從旁觀者的角度，就評判某人是否白白浪費了寶貴的生命光陰。外表看來平凡無奇的生活，只要懂得欣賞能帶來生活價值的大小事，也能覺得充實滿溢。愛好冒險生活的人可能就無法體會這種幸福。深深地體驗少許的事物，就能帶來豐富的人生。

法國文豪蒙田說，我們都是傻瓜，以為缺乏成就的人生就等同是無聊閒混或浪費生命。他寫道：「什麼？你竟然沒有好好活著？這是最重要也最神聖的工作……你是否曾經反省過自己的人生並且試著去掌控？如果有，那你就完成了人生最重要的工作……我們最棒、最光彩的的作品，就是以適當的方式生活。所有其他的事物，諸如成為君王、累積財富、建造豪宅等等，對生活幫助不大，只是附屬品而已。」[36]

究竟要投入多少新事物，如何參與、次數要多頻繁，全都取決於自身的個性、價值觀與周遭環境等等。但不論我們做了什麼，還是不斷學習、品味日常生活、隨時保持清醒。高空彈跳只是一個選項而已。

在抵達人生大限之前，我們得盡可能做更多事。這樣的追逐遊戲其來有自，人人都有個合理的欲望，想要用盡全力充分體驗人生，盡可能地榨出每分每秒人生。然而，正如同丹麥的存在主義者齊克果精確觀察到的，最終往往只剩下空虛的生命，一點也不充實。這道理就像用篩子去接香檳噴泉的飲料一樣。每個當下都是那麼難以捉摸，試著想掌握這一刻，卻馬上成為過去。

問題在於，我們確實可以說，人們都陷入了齊克果所謂「存在的美學層次」（aesthetic sphere of existence）[37]。生命是一種現在式的現象：我們當然可以回憶過去以及計畫未來，但我們只能處於此時此刻。然而，這只說出一半事實。在另外一種意義下，透過過往的回憶以及對未來的意圖與計畫等等，我們就能夠跨越時間存在，如同存在於每個當下。在這種「存在的倫理層次」（ethical sphere of

---

36 Michel de Montaigne, 'On experience', *Essays* (Penguin, 1958), pp. 396-7.

37 參見Howard V. Hong and Edna H. Hong所翻譯的Søren Kierkegaard作品，尤其是*Stages on Life's Way* (1845), (Princeton University Press, 1988)，以及另外兩冊*Either/Or* (1843), (Princeton University Press, 1988).

existence）裡，生命要求人們在當下享樂以外，還必須關注其他事物。就像每次宿醉都在提醒我們：今朝有酒今朝醉，明天頭痛一定來。

齊克果認為美學與倫理的層次都確實存在，如果捨棄其中之一，就不能算是擁有完整的人生。但齊克果也相信，我們沒有辦法理性地去調和兩者。跨過這問題的唯一方法就是擁抱兩者之間的矛盾，帶著信念躍上「存在的宗教層次」。對齊克果而言，此即基督宗教的核心悖論：上帝創造了人類，無限的存在創造了有限的存在。但人們只能犧牲理性，才能統合美學的與倫理的存在層次。

我認為齊克果對人生的診斷完全正確，但給出的藥方卻相當草率。生活要前往進，還是要找出生命終結前確實該優先做的事情，但最好我們可以用較為現代且科學化的方式去理解齊克果的理論。榮獲諾貝爾桂冠的心理學家丹尼爾・卡尼曼想出了一套理解人類心智的方式，與一百多年前丹麥那位搖椅上的心理學家所提出的理論具有奇異的相似之處。基於許多實驗證據，卡尼曼區別出了每個人心裡都有的兩種自我。其中之一為經驗自我（experiencing self），僅存在於生命中的每個當下，通常是在直覺、自然反應以及無意識的狀態下運作。另一種為記憶自我（remembering self），負責理性與反省工作，思索著經驗自我做過（以及將要去做）哪些事情，將經驗中的破碎片段統合成前後連貫的自傳式敘事[38]。

科學家做出驚人的實驗，顯示出這兩種自我的不同之處，而實驗對象居然是必須忍受痛苦的大腸鏡檢查病患。實驗結果相當違反直覺：給予病患更多痛苦，他們就會覺得檢查過程傷害較小、較不痛苦。以下為實驗經過。在檢查過程中，每隔一小段固定時間，實驗者就要求病患評估感受到的痛苦指數，從一分到十分。整個檢查過程結束之後，實驗者要求病患再評估整個過程的痛苦指數。如果記憶自我與經驗自我感受到痛苦的一樣，那麼後者的分數應該會跟上前者：療程中痛苦次數越多，整體的痛苦指數也應該是更高。但事實並非如此。最重要的關鍵是，相較於如何開始或是中間發生哪些事情，記憶自我會特別看重如何結束。也就是說，如果最後階段非常痛苦，記憶自我就會對整個過程給予高痛苦指數，也比較不願意以後再接受同樣的檢查。還有一個病患也接受相同的檢查，唯一的差別是，在整個極度不舒服的療程後，另外加一點細小的疼痛感，如此一來，記憶自我就會更和善地評估整個過程，也較願意再次忍受這種侵入性檢查。額外增

38 Daniel Kahneman, *Thinking, Fast and Slow* (Allen Lane, 2011), pp. 378-90.

加的些微不適感，竟會讓患者覺得，前面經歷過的痛苦想起來也沒那麼傷人，只是故事的一個段落，結局快樂就好[39]。

卡尼曼的實驗延伸出另一個問題：哪一個自我比較重要？不過，兩者並非真的是獨立存在的兩個自我，因此不用去問哪個才是真正的我。但我們可以討論，哪個自我對你較重要。答案當然是記憶自我，因為它負責反省，能判斷事情的輕重，而經驗自我只能有好、壞或不好不壞的感覺。會問出「生命結束之前該做些什麼」這類問題的一定是記憶自我，只有它能看到整個生命敘事，找出重要的組成片段——在大限之前。

就我來看，卡尼曼的結論足以形成關鍵線索，來解開齊克果的難題。記憶自我屬於存在的倫理層次，但必須依靠經驗自我提供經驗內容。人生中的每個片段都是原始材料，我們用它們建構自己的故事。因此，我們得試著讓這些經驗有意義。重要的是，我們也必須了解，人生故事的建構過程並非單純的加法。十個快樂的片段可能會從記憶中逐漸淡去或消失不見，而一個痛苦的經驗最後卻成為重要的轉折。即便是最快樂、最緊湊的那些時光，在不同時間點發生，也會有不同的價值。例如，一頓美好饗宴所帶來的歡愉，並非只是食物與味蕾相互作用造成的化學反應。何時、何地與何人一同享用，整體經驗都會大不相同，甚至會影響到食物的味道。更重要的是，比起愉快但空虛的經驗，痛苦的經驗反而能帶來更有意義的人生篇章。

因此，當你在思考死亡到來之前該去做哪些事情時，不需要去想如何增加正面經驗的數量，而是哪些事情能夠幫助你建構更圓滿的整體生命。「在死前做越多越好」，如果把這時下的觀念奉為圭臬，就無法成就更圓滿的生命，而成為齊克果世界中完完全全活在美學層次的人。他或許了解每個當下都有美好的價值，但不知道孰重孰輕。當然，我們都得善用短暫易逝的人生時光。然而重要的是，隨著年紀增長，我們必須仔細地規劃生命旅程，不要只是蜻蜓點水，看到什麼貌似有趣的事物就到處駐足。

39 Daniel Kahneman, *Thinking, Fast and Slow* (Allen Lane, 2011), pp. 379-80.

第六章　被撕裂的自我

哲學家

就像小朋友面對冰淇淋或蛋糕的選擇，我們也常常被迫兩者擇一，這時總是會想：為什麼不能兩者兼得啊？我們會這麼猶豫，根本原因在於無法面對令人遺憾的事實，也就是魚與熊掌不可兼得。人生一些最根本的價值原本就無法完美結合。以獨立與依賴為例，我們都認為，為自身著想並養活自己是一件好事，畢竟我們可不是一堆羊群。但同時，我們也都知道，歸屬於歡迎自己的家庭與社群能帶來好處，前提我們得準備放棄一些獨立性。任何人都不可能同時擁有完全的獨立與完全的依賴：某一項的程度較高，另一項的程度就較低。在某個時間點對某個人來說看似較好的交易內容，對另外一個人（甚至可能是同一個人）在不同的時間點底下很可能就會是一項差勁的交易。

還有其他許多重要價值也會有同樣的多面向。我們認為廣泛吸收知識是有價值的，卻同時也重視深度。然而，越是著重於拓展廣度，了解的層面就越膚淺。「高度工作成就」與「完整家庭生活」的嚴重拉扯，是我們最常體會到的價值多面向。我們注定要在兩者之間做出取捨，如果不接受這事實，甚至想要兼顧，只是自欺欺人，連帶導致其他問題。

若各種價值實際上都如此多面向，那麼除非我們能全然斷定哪個最為重要，否則最終注定陷入困境：決定去追求某價值，但又被吸引而轉向另一種。價值多面向的難題在於，我們無法建構出一套完整的價值等級區分。以專業術語來講，這些價值之間沒有「公約數」，無法用單一且一體適用的標準去衡量所有價值。哪個最重要？我們根本找不到客觀的答案。就好像問斯蒂爾頓（Stilton）乳酪跟數學家費曼哪個比較好。即便我們否定價值多面向，堅持有單一的標準可以排出所有價值，那也要非常非常多的人才能完成，光哲學界對如何排序就無法取得共識。

相對於某些標準的心理學解釋，如意志薄弱或害怕失敗，我認為從價值多面向來看，較能解釋人們的猶豫舉動。的確，有時回頭看，當我們堅持做一些多少自知不大對的事情時，害怕失敗應該扮演著重要角色。然而，若要解釋人們為什麼不放棄糟糕的婚姻、在債台高築前放棄下滑的事業或是待在耗費心神的高階職務上，我不認為心理學的解釋能深入這類問題。就這些矛盾來看，害怕失敗並非關鍵點，而是擔心後果背離自己抱有的某些價值。你不放棄這段感情，是因為想要當一個忠誠而深情的人，不想在陷入困境時就立刻離開伴侶。不想放棄這份事業，因為經營它一直都是你的夢想，對其他事情的熱情遠比不上能一直從事這工作。你繼續待在那個位子，是因為你珍視這項挑戰，或心知肚明只是為了社會地位與薪水。

與其說害怕失敗是導致負面心態的關鍵，太過執著更可能是正面態度的結果，也就是對於自己堅持在做的事情，加上了額外的價值。錯就錯在，我們讓某項價值凌駕其他的，以為中途放棄等同於否認這項價值。其實我們是在找尋平衡點。

我們沒辦法同時進行價值矛盾的行為，即便可以，也會帶來破壞性的後果。但是，價值多面向也顯示出，擁有相互矛盾的態度與信念是很正常的。舉例來說，我們有時得放棄某些自由，以換取人際關係的相互依賴與回報。當我們這麼做的時候，大可不必自欺欺人，以為讓出自己的獨立性不是為了換來好處。

當然，價值雖有多面向，但不代表每一項價值都值得擁護。在舉棋不定的情況下，確實應該放棄某些互相衝突的欲望或價值。許多自助書還有諮商模式的錯誤在於，將個人的欲望視為天經地義，而不去質疑它們是否恰當。不論欲望為何，減肥、降低焦慮或挽救婚姻等等，都是可以追求的目標，我們無不全心盡力在找方法完成它。一旦有人質疑目標不值得追求，肯定是惹得天怒人怨。

我猜想，大多數令人猶豫難解的情況背後，就是沒有考慮到有些目標不值得追求。我們往往沒有誠實且深入去探究，到底哪些事物可以使人生變得更好。相反地，只要是當前文化所重視與鼓勵的，我們馬上就會接受，即使它們相互牴觸。我們都想吃得更加健康，但也想吃得更奢華；想提升自己的「靈性生活」，但也想擁有最新最迷人的平板電腦；想在專業領域有所進步，但卻也希望花更多時間陪伴家人。這些事物確實都值得去追求，但除非能探究它們對自己的重要性，否則我們會不斷陷入拉扯狀態，畢竟去追求一項，就會更加遠離另一項。

要做出取捨，就得接受現實，不可能每件事都去做，若決定朝某目標邁進，無可避免地，就得留下其他未完成的理想。因此人們常常卡在十字路口，一來得決定到底該往哪邊去，卻又掛念沒選擇的那條路會不會其實比較好。你不可能無限期延後旅程，只為了確認自己的選擇是完美的。選擇不需要完美，只要是好的就行。如果後來發現其實並沒那麼好，只要再改變方向即可。

因此，我們可以避免陷入兩難困境，只要能接受現實：人生有時就一定得兩者擇一，下好決定就去做。當然，矛盾猶豫是無法避免的，況且不同選項各有吸引力，有些現在看起來不錯，但不見得永遠都會喜歡。所以面對兩難困境，並不是要處理什麼異常狀況。它是生命中不會消失的現實，只是我們太會藉機視而不見。

心理治療師

我們從最基本的問題開始談，就從神經科學家大衛・伊葛門（David Eagleman）的想法開始，他認為我們的心智運作模式就好像「代議式民主」：「你的腦袋裡面有許多不同派系，彼此之間持續進行各種爭辯，每個派系都想搶到唯一的輸出頻道，操縱你的行為。結果你完成了一項古怪又艱鉅的工作：跟自己爭論、咒罵自己然後誘騙自己去做某些事情。」[40]

一

現在，你感到相當困擾。心裡出現許多聲音，有一派希望與長期伴侶繼續維持穩定關係，但另一派卻又不希望放棄外遇的刺激感。

恭喜恭喜！你是個完全正常的人。想要這個又想要那個、常常改變心意、被各種矛盾欲望的浪頭帶著走，這些都是我們人類再正常不過的現象。當我們在思考要去做哪些事情、要去追求或放棄哪些目標與價值時，心裡會陷入矛盾掙扎。許多掙扎都可歸結為「短期滿足」與「長期益處」之間的衝突。

我們無法永遠魚與熊掌兩者兼得，因此往往必須放棄其一。只要反省當前的生活狀態、做出回應，過程中問題就會適時自行解決。苦惱不久後就消失，做好了決定就大勢抵定。

二

有時（其實是經常）我們會陷入兩難困境。然後我們會像顆球一樣，在不同的選項之間跳來跳去，遲遲下不了決定。我們毫無道理地前後不一，有的時候去追逐某項目標，有的時候又去追求另一項。有時看似做出了取捨，但其實一點意義都沒有。我們的心仍被另一個選項拉著，還會反悔。如此地反覆輪迴。

你當然會覺得很不舒服，一直想著一定得設下停損點，但同時還是繼續外遇。

三

至此，你所做出的僅僅是個空泛的決定而已。如果用另一種奇特的思考模式，也許事情會變得較有趣：「考量所有因素後才做判斷」。我們當然沒辦法窮盡實際上所有的因素，但還是能誠實地去反思，列出想得到的因素，帶著批判態

40 David Eagleman, *Incognito* (Canongate, 2011), p. 107.

度去檢視，並且排出重要性。

考量所有因素之後才下的判斷，當中包括探究整體利弊得失、短期與長期的益處與代價，想做的事情有多困難、要付出多少努力等等。你必須通通考量，最後才做出決定。

因此，拿出你的筆記本或筆電，著手列出一張正反利弊清單。一方面，你珍視婚姻關係所帶來的穩定、感情與支持，此外，也不希望冒險傷害身邊的親友。但另一方面，失去了外遇的刺激感也很令人難受，那可是讓你感到年輕又充滿活力，甚至是生命意義的唯一所在。

四

不過，全盤思考正反利弊，也不一定能做出深思熟慮的取捨決定。有時，不論你再怎麼用力探究所能想像到的正反利弊，最終還是不會浮現壓倒性的選項：或許各項價值勢均力敵，也或許還存在著許多未知因素。如此一來，你做的任何決定都會脆弱不堪，隨時都有可能跳回兩難困境，繼續毫無作為。

五

在眾多正反意見中終於出現了最後的贏家。這樣很好。但即便如此，還是無法完全消除其他動機的拉扯，事實上，你還是會感受到相反選項的吸引。遺憾的是，考量所有因素後的判斷，還是無法完全符合我們心中的欲望、動機與傾向。

你當然清楚明白外遇的黑白對錯，知道它是行不通的。長期伴侶對你而言才是至為重要的。為了短暫的激情，就得冒險失去伴侶與傷害他人，真是太傻了，應該還有其它事物可以帶來活力。只不過……

（當然，你也可能得出相反的結論：你清楚理解到，自己與另一半已漸行漸遠，無心經營感情，在一起只是習慣。你得提出勇氣突破現狀。只不過……）

六

這時就是意志薄弱造成的問題。（參見本書〈意志與決心〉章節。）儘管我們已經考量所有因素做出判斷，最後還是可能朝反方向前進，依據自己認定為較為次要的理由而去行動。

依據亞里斯多德的想法，當我們做出判斷，知道自己該做哪些事，但最終還是沒有執行，此時便是意志薄弱（或欠缺自制力）。這樣的舉止就像是認知能力暫時消失不見，彷彿「睡著、失心或喝醉了」[41]。

因此，你走到了這一步：考量過所有的正反利弊之後，你清楚應該結束外遇。但相反地，你還是拿起電話安排下一次約會。

七

但是，先等一等：「結束外遇」的決定在一開始就是正確的嗎？在你詳列正反利弊的清單時，是否有忽略了哪些因素？這個問題當然值得深究。但也可能只是在欺騙自己而已。先前提到，儘管已經做出了深思熟慮的判斷，還是可能受到相反事物吸引，因此誘惑一來，你很自然地會去質疑先前的取捨決定。

例如，有部分的你想要興奮刺激與生命活力，所以試著避免這種特殊的滿足感被壓抑。於是你會去懷疑自己是否錯了，是否應該更重視這方面的需求。

該重新考量已做的決定，或只是自我欺騙在展現伎倆？兩者該如何分辨？此時，你應該回頭檢視沒有誘惑時所列出的那份利弊清單。是否仍舊會得出相同的結論、該做的事也一樣？如果你做出背離該決定的行為，是否會感到後悔？如果答案都是肯定的，那麼這項決定應該沒有錯。問題只是出在渴求其他事物的那個你，不僅拒絕接受另一個你做出的最終裁決，還試著要拿回主導權。伊葛門說，這就是腦袋裡「我現在就是想要」這一派在進行頑強抵抗。

八

如果你的行為判斷是正確的，那就必須去學習如何抗拒誘惑。但要如何抗拒？對自己保證說「下次不會了」絕不是辦法。當你再次接近誘惑的時候，還是不會抗拒。你必須做出承諾，日後絕不可以念頭一轉想做什麼就做。你也得找出自己在哪些處境下最容易反悔，提醒自己往前看，找出辦法避免走回頭路。

以外遇來說，容易陷入誘惑的處境，就是經常出沒於會遇到外遇對象的那些地方。

41 Aristotle, *Nicomachean Ethics,* VII, 3, trans. Roger Crisp (Cambridge University Press, 2000), p. 124.

九

亞里斯多德認為，失去自制力是衝動或軟弱所導致。在我看來，用來心理學來說就是這兩種主要機制：衝動行為（還有時間三思就採取行動）以及自我欺騙（說服自己「這次沒關係啦！因為……」）。

舉例來說，你想都不想就寄了電子郵件給地下情人。或者，你會說服自己沒辦法結束這段關係，或是跟對方再見面一次就好，又或是能以朋友的關係繼續跟對方見面。

十

有許多策略可以用來對抗這些內在機制。比如避免去充滿誘惑之處，找個好友隨時提醒你做過的決定，或是隨身帶著那份正反利弊清單，常常拿出來複習。你也可以學著觀察自己的渴望。此外，反覆觀察自己如何合理化事情，將它寫下來，想想錯在哪裡，也是非常有用的。

回到伊格門的「心智就像代議制民主」：「你的大腦裡有許多不同派系持續

地進行爭辯。」你的工作便是去整合這些不同意見，並且貫徹執行最後所得出的共識與決定——在眾人的叫囂與騷動中，盡全力把議事帶回正軌。

第七章　處理情緒

哲學家

我們常常將「頭腦」與「心」描繪成兩個不停在爭鬥的器官。在對話錄《斐德羅篇》（*Phaedrus*）中，柏拉圖認為智性（intellect）就好像雙輪馬車的駕駛，拉著兩匹馬，一匹有高尚情操，但另一匹狂野，駕駛得用鞭子才能讓他乖乖聽話[42]。然而，哲學家大衛·休謨卻認為這位駕駛是個自欺的傻瓜，事實上是那兩匹馬在決定著馬車的行進方向：「理智事實上只是（也應該作為）情感的奴

42 Plato, *Phaedrus*, § 253-255, trans. Walter Hamilton (Penguin, 1973), pp. 61-3.

隸。」[43]

兩種說法都只道出部分事實，不過也有同樣的誤解，都假設頭腦與心是分庭抗禮。但事實上，頭腦與心得協力合作，沒有頭腦就找不到心，反之亦然。大多數情況下，除非我們以自己的方式思考，否則就無法產生自己特有的感受。舉例來說，當我們想要某些事物時，也相信它們會帶來愉悅感，一旦發現沒有這效果，想要的念頭就馬上消失。同樣道理，一相信某人事實上並未對我做出不當的事情，怒意就會消去。所以柏拉圖也可想像駕馭在馬耳邊輕聲細語，理性勸服激動的馬冷靜下來，而不是拿鞭子去抽打。

休謨的看法更貼近事實。他承認，心沒那麼需要頭腦，反倒是頭腦更依賴心，因為純粹的理性無法給人們任何行為動機。如果我們沒有辦法以同理心了解他人的福祉，那麼任何道德思考都不會發生作用。若沒有放入情感與情緒考量，理性也只是個冰冷的機械化計算工具而已。理性能幫助我們找出各項行為可能導致的結果，但無法告訴我們是否值得追求。

另一方面，理性扮演重要的監督角色，留意反射性的情感反應是否為不可靠的證詞。自古以來哲學家都諄諄告誡，人們常常會去懼怕一些根本不值得害怕之物。齊克果認為，人們面對關鍵的存在選擇（existential choice）時，「恐懼與顫抖」是很正常的反應，但遺憾地，人們往往只擔心失去「一隻手臂、一條腿、五塊錢或是妻子」，而對於「失去自我」則漠不關心[44]。還有不少哲學家甚至主張「死亡」根本不是我們應該去探究的事物。對蘇格拉底來說，擔心一無所知的事物最不理性。關於死亡，我們所知的僅限於「大概是我們遇上最幸福的事情」[45]。伊比鳩魯則認為，人如果擔心死亡之後自己將不復存在，就好像去擔心出生之前有多悲慘一樣，根本就不合邏輯[46]。（然而，盡力避免死亡並不是不理性的。「害怕」與「希望不會發生」是不同的。）這些思想家的理論有一項共通點，都認為直覺式情感反應並無法指引我們應該去關心哪些事物。

我們會在錯誤的時機害怕，也會擔心不需害怕的事物，所以最好去探究哪些

---

43 David Hume, *A Treatise of Hume Nature*, Book 2, Part III, Section III, (1739-40), (Clarendon Press), p. 415.

44 Søren Kierkegaard, *The Sickness Unto Death*, (1849), trans. A. Hannay (Penguin, 1989), pp. 62-3.

45 Plato, *The Apology*, §29a, in *The Last Days of Socrates*, trans. Harold Tarrant and Hugh Tredennick (Penguin, 2003), p. 55.

46 關於伊比鳩魯的主要論述，參見Book X of *The Lives and Opinions of the Great Philosophers* by Diogenes Laertius, and anthologized in *The Epicurus Reader*, trans. Brad Inwood and Lloyd P. Gerson (Hackett, 1994).

是應該恐懼的對象。這麼一來，我們可能會發現，絕大多數的焦慮並非來自必須克服的恐懼感，而是應該盡量忽略的分心事物。與其擔心飛機是否能夠安全降落，我們更應該關心順利降落後準備實現怎樣的生活。比起死亡本身，更應該害怕的的是從未真正活過。

或許有人會反對說，這些話聽起來很有道理，但理性就是無法改變我們的感受。讓我感到驚訝的是，太多人把這當作自明之理，但顯然地，隨著我們對人事物有進一步的了解與認識，就會改變原先的感覺。當你知道農場的雞隻一生都被關擁擠的籠子裡，可能會改變你對餐桌上雞塊的感受，從原本的垂涎三尺變成噁心反胃。發現自己的夥伴一直在騙自己，就會大大改變對他的感覺。

找出各種情緒的適當發生時機，並不會讓我們變成情緒的奴隸。就算我們真的無法改變心情，還是可以運用理性去決定當下應該如何做出相應的行動。想要成為一個道德性生物（moral creature），我們更應該好好運用理性能力。有史以來，偉大的道德哲學家們全部都不去談論「表現出自己的情緒」，絕非偶然。相反地，道德哲學家要求我們去關心旁人的感受、自己的責任有什麼、那些行為能夠改善最多人的處境。為了做到這些，我們可能必須去控制自己的各種情緒，然而，這可是非常違背當前流行的觀念。時下有人提倡，我們應該顯露自己的情緒並且順其發展。但這麼一來，「應該有的感受」就會凌駕於「應該做的行為」，「自戀心態」就會勝過「道德考量」。

仔細想想，我們何時會讚許他人不隨便流露感情，認為那是一種美德，而非不擅於表達情緒。有的人會控制自己的情緒，盡量不讓旁人去分擔自己的痛苦。我們會很讚許這樣的人。這樣的自我犧牲乃基於一個事實：把問題分享出去，常常只會讓困難加倍。我們也很欣賞能在逆境中前進、表現良好的人，因為他們並未讓心裡的痛苦阻礙前進的步伐。

法國哲學家巴斯卡也錯誤地認定理性與情感是對立的。不過他認為，兩者不是公然開戰，而是暗中較勁，因為「心有自己的思考方式，而理性卻一無所知」[47]。這說法或許是對的，但我們應該努力使其成為例外，而非規律。頭腦與心有各自專屬的理由，最佳運作方式便是兩兩互助分享，心提供同情與動機，頭腦負責謹慎判斷，我們應該出於哪些心情而行動、該控制或反省哪些情緒。我們

47 Blaise Pascal, *Pensées*, trans. A. Krailsheimer (Penguin, 1995), p. 127.

不需要馴服所有的情緒，也不應該任其狂奔，而應該盡力讓它們作為理性的最佳盟友。

心理治療師

在日常使用的語彙中，許多動詞都可以用來表達對情緒的態度：接受、表達、改變、擁抱、克服、控制。情緒是概括性用語，涵蓋了許多不同事物。不過，一旦我們有某種情緒，並不一定要做出相對的反應。有時人們應該表達情緒，有些時候則應該遏止。大多數人都會同意，擔心不能控制自己而壓抑愛的感受，這是不對的；同樣地，不控制自己的怒氣還跟人打架，也是不對的。

我們對情緒的看法相當混雜，端看承襲於哪一個傳統及學派。其一就是我們佛洛伊德學派。許多佛洛伊德的概念已經悄悄地（或容我斗膽地使用這個字：無意識地）融入到我們的習慣思維裡。根據佛洛伊德的「水力模型」（hydraulic model），壓抑情緒會嚴重影響健康。伍迪．艾倫在電影《曼哈頓》中有一句經典台詞：「我會不生氣，只是會長個腦瘤。」

不論是受到佛洛伊德、尼采或六〇年文化的影響，當今社會更看重情緒表達的價值，遠勝於節制情緒。我們熱烈擁抱各種情緒，甚至視為不能評價或不能挑戰的東西：「這單純只是我的感受！」另一方面，我們也不難猜出，過度擁抱情緒會導致災難性後果，畢竟情緒也有不適當、過度或不合宜的。舉例來說，很多人都有過類似的經驗，莫名其妙被他人當成發洩對象，或者懷著連自己都知道是沒來由的忌妒心。

然而，一談到控制情緒，我們難免會擔心成為壓抑情緒、沉默寡言的人，雖然優點是處變不驚，但代價是失去愛人與哭泣的能力。身處危機能保持冷靜，才不會手忙腳亂。但大多數的人還是比較想要情緒高低起伏的人生，不想要心中只有貧乏的情感。

但是，我們是否就只有這兩個選項：壓抑自己的所有情緒，再不然就是任其擺布？亞里斯多德認為，如果我們培養出適當的自制美德，那麼一方面能擁有深刻的感受，同時也能在情緒不當或過度的時候自我管理。不過，執意過度掌控情緒，擔心自己會被強烈感受沖昏頭，就很可能會錯過豐富人生色彩的各種經驗。另一方面，情緒控制太少也不好，就會無法掌控情緒化的狀況，畢竟出於恐懼、憤怒或欲望而行動並不一定能通往美好人生。

這些議題在日常生活中反覆出現，特別是發現自己正糾結於種種惱人的情緒，如恐懼、憤怒、忌妒甚至戀愛的沉醉感。所以最大的挑戰就是分辨情緒，哪些時候能幫助我們面對事實，何時會矇蔽我們的雙眼；什麼時候應該出於情緒行動，何時又該避免受到情緒影響。

隨時監控與質疑內心的起伏與反應，有助於我們評估處境時，從直覺、片面的認識轉變為理性、全面的理解。這樣做不包含否定任何情緒。我們可以留意情緒升起，接受自己正在經歷它，同時清楚覺察是否有過度或不當。若有，就應該努力去改變想法、行為，或兩者同時進行。

說到潛在的惱人情緒，恐懼是個好例子。我們不一定在當下能改變看待事物的方式、讓自己相信其實沒什麼好怕的（假設事實真是如此）。但就算做不到，也沒什麼好損失的。

讓我們回到一九九〇年代，蘇珊・潔佛絲（Susan Jeffers）出版了一本自我成長的書籍，書名為《恐懼OUT：想法改變，人生就會跟著改變》（*Feel The Fear And Do It Anyway*），至今仍為大眾熟悉。作者要傳達的訊息是，恐懼是人生正常的一部分，如果將所有的焦慮都視為警訊，逃避會讓人焦慮的事物，其實是錯誤的。相反地，我們應該擁抱恐懼感受，投入會讓人焦慮的工作、人際關係與旅程。

我們有很好的理由去遵循她的建議。想要做某事，但又有所顧慮，想等到感受對了才行動。這應該不是正確的方法。要削弱這類恐懼感很難，可能得等到天荒地老。乾脆就放手去做吧！「認知行為療法」（Cognitive-Behavior Therapy）的核心概念即在於，若想要改變自己的思想與感受，最有效的方式便是去改變自己的行為。另外，在匿名戒酒互助會的傳統十二步驟中有句名言：「用實際行動讓自己獲得清醒的思考，比用思考讓自己獲得清醒的行動來得簡單許多。」

然而，是否該不斷鞭策自己去克服恐懼？當然不是！很明顯地，人生中有許多時刻應該聽從恐懼感發出的警報聲。潔佛絲也強調，她的建議並不適用於高度冒險或道德可議的事物之上。一直待在舒適圈當然不是件好事，但也不該把走出舒適圈當成教條。

有些恐懼感要認真看待，最好的例子就是在大風雪中要出發攻頂的焦慮感，但許多恐懼仍是模糊不清的。我們無法每次都能清楚地判斷恐懼感是有根據的，也不確定令人不安的行動否重要到不論如何一定要去做。從「接受與承諾療法」中，我們找到一個好用的自我診斷方法：準備去做的行動是否能帶你朝向珍視的人生價值？

「接受與承諾療法」在處理負面情緒方面非常有啟發性。把焦點全放在如何擺脫負面情緒，非常不切實際，甚至可能造成反效果。我們應該學習接納自己所有的情緒，接著依照真實的感受去行動，就好像在派對中接納不受歡迎的客人，而不是將所有的精力放在如何把人趕走。即使恐懼感或其他相關的負面情緒依舊拒絕讓步，但至少我們已經去做自己珍視的事情。也就是說，完全不用在意當下的感覺。森田療法中有項相關概念：「如其所是」，意思是保持平穩，接受情緒的漲退與變化，同時也採取有建設的行為。情緒往往被比喻成雲霄飛車，在我們無法控制的情況下帶領著我們忽高忽低。但或許當成波浪更好，這樣我們用點技巧就可以衝浪前進。

第八章　應該對什麼感到自豪？

哲學家

「自豪」同時扮演英雄與惡棍的雙重角色。有時我們譴責它是嚴重的罪愆，有時又推崇它是重要的德性。它之所以受到譴責，是因為它會使我們變得傲慢與自大。我們讚美它，則在於它讓被壓迫的人有機會昂然挺立。對自己工作感到自豪當然是件好事，但對於自己的成就過度驕傲就不好。

不過，這種分歧還是有一致之處。當我們對某事物有正面的評價，它的各種特質可以歸功於到我們，於是我們便會得到一種愉悅感，所有形式的自豪都包含這種心情。這個定義至少會延伸出兩個問題：第一，我們做了一些好事，感受到相當程度的愉悅，因而得到適度的自豪，那麼何謂謙虛？為什麼重要？第二，為什麼我們常常是從他人的讚美得到自豪感？就算自己的貢獻微乎其微，甚至什麼也沒做。

在英國肥皂劇與義大利黑手黨電影裡都會反覆出現這種橋段，某個角色宣稱為他的家族感到自豪。如果他的家族是因暴力與犯罪行為而惡名昭彰，那麼這種血濃於水的家族忠誠感就很荒謬。但如果換個場景，假設他的家族都致力於實現某些應受讚許的良善價值，例如對陌生人展現關懷與友善幫助等。那麼，只要他事實上也認同這些價值，並且努力實現，他對自己家族的自豪感合理地奠基在共同致力於良善事物。

為他人感到自豪，這反映出了我們大多都是社會性動物，自我認同感來自於從屬的群體，感覺自己是其中微小的一分子。我們當然會感到得意，不是因為把他們的成就當成自己的功勞，而是因為因為我們所珍視的人或團體樂於與我有所連結。在這層意義底下，因他人而感到自豪真的是出於謙虛，而非虛榮心作祟。

但有些時候，因他人而感到自豪是不恰當的，特別是你們共享的價值多少有點虛假或毫無根據。我不得不說，足球迷為了支持的球隊感到自豪，實在沒什麼道理。兩者的關係太單向，球迷一心支持球隊，把球隊的榮耀反映在自己身上。

為了國家感到自豪也是個空洞的概念，假如國家在實際上並未體現你所珍視的價值，或者是你並不依據國家的主流價值行為。我們因他人感到自豪，僅當彼此對同樣的事物感到驕傲，而且也共同努力去實現。

那麼，何謂謙遜？我認為，一旦將它看成是自豪的對立面，就會很難理解。回到我對自豪的定義：我們對某事有正面評價，而且它的各種特質能歸功於自己，我們便會從中得到一定程度的愉悅。如果謙遜是這個定義的對立面，那它可能是以下三種意義之一，或三者綜合起來。

第一，某些事物的特質可以歸功於我們，但我們拒絕享有這種愉悅感，例如拒絕接受某項成就。由此來看，謙遜是錯誤的態度，因為你沒有因自己所做的事情獲得相對的好評。這也就是為什麼人們常常害怕被說是假謙虛。若有人故意貶低自己的成就，我們就會覺得他是故意要展現美德，而不是真的相信自己的成就完全沒有價值。

第二，我們有時也會想，他人讚賞的事情事實上也沒有多好。但這並不是真正的謙遜，只是斷定沒有值得自豪的事情。對於毫無成就之事感到謙遜，一點意義都沒有。你可以虛心接受失敗，但不可能謙遜地面對失敗。

最後，拒絕承認自己與某成就有任何關聯。不過，這似乎也不符合一般認定的謙遜。如果我們真的一點貢獻都沒有，指出這一點並不是在表現謙遜，只是誠實說出事實，自豪與謙遜都是無關的態度。

因此，謙遜到底是什麼，不僅很難掌握，還會顯得多餘。有時謙遜變成一股腦地拒絕讚美，有時只是假裝客氣但心裡很自豪，有時根本派不上用場。

我認為，謙遜要有意義，就是不要把它當成自豪的對立面，而是如實地表現自己的態度。在我的想法裡，謙遜就是最適當的自豪表現。讓我們來看一個謙遜的典範：一九九四年，非洲盧安達飯店的經理保羅・魯賽薩巴吉納（Paul Rusesabagina）開放飯店收容了一千二百六十八位同胞，拯救他們逃過當時盧安達所發生的種族仇殺事件。令人驚訝的是，他竟然替自己的傳記定名為「一個平凡的人」（An Ordinary Man）。如果這不是謙遜，那什麼才是謙遜？

然而，這樣的謙遜與某種程度的自豪其實是可以並存的。魯賽薩巴吉納在最艱困的環境下做出最正確的事情，當然多少會感到滿意。但讓他保持謙遜的原因是，他體認到，如果誠實地反省自己，就知道不該以為自己功勞很大。原因何在？最主要是因為他體認到「本質運氣」（constitutive luck）所扮演的角色，讓他擁有了能力去面對這種情況。我們的成功多少都歸因於自己是什麼樣的人、擁有什麼樣的天賦能力，而且它們大多不是我們能選擇的。魯賽薩巴吉納之所以能夠成就這樣的事蹟，是因為他能利用自己的魅力讓軍事領袖不入侵飯店。如同他自己所寫道：「我有天賦能力去應付飯店的各種客人，不論是善良的朋友或是面目可憎的商賈。這是我的天分……因此，即便是壞蛋路過進來買杯飲料，我都有辦法跟他閒話家常。」[48]

換句話說，魯賽薩巴吉納之所以會成為當代的英雄人物，是因為剛好有這樣的天賦能力，雖然在其他情境下這種能力是會被譴責的。就像奧斯卡・辛德勒（Oskar Schindler），他能與那些貪婪有權有勢的人打交道，甚至阿諛奉承一番。這種能力通常會讓人作嘔，但在他所處的獨特環境中，卻發揮得恰到好處。

謙遜單純就是挺身而出的自信。我們得非常誠實，才能夠確實評斷自己應得的功勞。謙遜不要求我們貶低自己的成就，只是要避免高估自己所扮演的角色。

還有另外兩種特質會促成值得讚許的謙遜之人。第一，雖然我們很難真的知

48 Paul Rusesabagina, *An Ordinary Man* (Bloomsbury, 2006), p. 260.

道人應得到多少功勞，但謙遜的人寧願錯誤低估，也不想攬太多功勞在自己身上。第二，不論感到多麼自豪，在與人交往時我們都該輕描淡寫，不要讓自己看起來優於他人，也不要使自己成為關注焦點。就此來說，謙遜大多與你的感覺無關，而是關於你的舉止。

有媒體報導，英國首相邱吉爾曾這樣描述他的競選對手克萊門特・艾德禮（Clement Attlee）：「他是個謙遜的人，因為他有一大堆的事物可以來展現謙遜。」（不過邱吉爾自己否認說過這句話。）洋洋得意的人會將這樣的評論視為嘲諷，但真正謙遜之人會認為那只是如實描述事實。

心理治療師

想在這世上出人頭地，你最好練習大聲說出自己有多厲害。自我解嘲是老派的美德，現在流行的是自我推銷，幾乎變成必備的能力。在現代生活的各個層面，我們都不斷地被鼓勵要去強調自己的特質與成就，不論是在撰寫履歷表，還是在約會網站填自介。謙遜真的不管用了：如果你羞於推銷你自己，怎麼能奢求顧客、委託人甚至是情人會到來？你能不能表現得積極一點啊？

在某些方面，積極一點當然是好事。不過大方承認自己的優點與成就，許多人都會覺得很難。然而，稍微去想一下自己容易忽略的事情，無傷大雅。每個人都會希望有一些能感到自豪的事情。如果我們覺得生命中沒有任何東西能算自己的功勞，就真的會讓人不幸福、不滿足，覺得自己好像毫無價值的寄生蟲。

但我們必須相當謹慎，這樣的文化暗藏著許多問題。大方承認自己的優點的確會讓人感到愉悅，卻容易於自信過頭，進而扭曲事實，結果無法成就更豐富的人生。

這不僅是道德層面的問題，過度自豪絕對會導致虛榮。一旦內心被虛榮攫住，人就會高估自己，越來越深信自己有超越現實的那一面，最後就無法承認自己的軟弱、依賴與缺失。當我們說某人是個「自負的傢伙」時，意思是說他無法承認自己的過錯、不願意尋求他人的幫助。這樣的想法與行為最終會傷害自己的福祉。我們必須小心提防這種樣子的自豪感。

舉例來說，自我成長工作者最喜歡的方法就是：練習反覆地肯定自我。不過這樣反而會增強膨脹的自我形象。不斷告訴自己說我很漂亮、我很成功、我很有魅力、我值得最好的等等，一定無法實現自我成長（已經有許多嚴肅的討論在質疑這種方法的有效性）。然而，比無效還更糟糕的是，這種做法很可能在實際上阻礙有意義的人際關係。如果我不斷地吹噓自我形象，在周圍築起一道自負的籬笆，將使我無法對他人敞開心胸，相處過程中也會讓人感到不悅。例如，我們可能會過度想避開「負面的人」，結果變得對朋友漠不關心、不願意傾聽他人心聲等等。

有許多方法可以調整自己的心態，避免陷入過度的自豪與虛榮。其一是體會到「運氣」在我們生命中所扮演的角色。如果我們熱切地認定自己是命運的主宰者，往往就會忽略，許多好事與成就單純只是出於運氣。要避免過度膨脹，我們應當去注意到自己擁有的各項有利條件中，究竟有哪些是因運氣而來的。

為了讓我們開始覺察事物的相互依存性，越南禪宗的一行禪師建議，詳細列出並檢視自己生命中最重要的成就與最慘烈的失敗。先從各項成就開始。檢視你擁有的天賦與能力；反省你的信念：「我的成就是我自己努力而來的」；檢討你因為上述信念而出現的自滿與傲慢；想想看哪些有利條件導致你的成功。接下來看看你人生中的各項失敗：檢視你擁有的天賦與能力；反省你的信念：「我就是沒辦法獲得成功」；檢討上述信念帶來的種種阻礙；想想看欠缺了哪些有利因素導致失敗收場。

一行禪師談到：「從相互依存的角度去看待所有事物，如此便會知道，任何成就並非全是你的功勞，還有許多你無法掌握的條件，聚合在一起才會成功……不應該將失敗全歸咎於自己的無能，也是因為欠缺種種有利條件。」[49]這一番話目的在於鼓勵人們放下以自我為中心的種種信念。我們的各項成功與失敗並非都因自己而起、因自己而終。當然，這不表示我們應該懶惰地擺脫責任，把失敗全歸於外在環境就好。

那麼，我們也可以想一想，對哪些事物感到自豪是合理的。很明顯地，絕對不包括那些垂手可得、完全不需付出努力的東西。常言道，馬兒不應對其美麗鬃毛感到自豪。但是，我們也不應該認定，唯一合理的自豪感只能來自於完成非常偉大、或是一般認定非常傑出的事情：獲得ＭＢＡ學位、勝任最頂尖的工作或征服某座高山等等。普通且日常的事物也可以讓人自豪。

49 Thich Nhat Hanh, *The Miracle of Mindfulness* (Beacon Press, 1987), p. 97.

其實，最應該感到自豪的，是為了完成某項事物而付出的努力，不論最終成果是大是小，我們都超越了自己的侷限。有人一邊做全職工作一邊帶小孩，還設法努力完成學業，與商業鉅子相比，他們同樣也有權感到自豪。

此外，當我們付出全力，仔細且專注地執行工作，不論多艱難，不管事後可以得到多少掌聲，也應該感到自豪。將自己的生活環境打理好，不管是住在皇宮還是茅草屋，我們的自豪感並非出於自己有多麼傑出，而是抱著什麼樣的態度去面對必須完成的事情。我們做事情的態度與付出的努力，就是最正面的自豪感，當中沒有任何浮誇又過度自負的自我吹捧。

第九章　第六感與直覺

心理治療師

當你必須做個決定，該怎麼辦？你是否會詳盡地列出一張清單，當中包含各項選擇的優缺點以及短期長期的後果，並且嚴謹地一一檢視？或者是你會順從內心的呼喊（直覺或第六感）？我們處理眾多資訊時，主要有兩種方式。第一是有意識、分析性的、理性地思考，還有一種就是即時、習慣性、直覺式地反應。表面上它們看起來完全不一樣。

這兩種方式有各自的支持者，但近幾年來，理性系統思考已經逐漸喪失地位，相對地，各式各樣的第六感、直覺與預感越來越受到重視。神經科學家安東尼奧．達米西歐（Antonio Damasio）是這股潮流的主要推動者，他透過各種研究獲得以下結論：大腦中負責管理情緒的部分若受到損傷，那麼決定能力也會跟著變差[50]。傳統觀點認為，人的種種感受會阻礙理性思考，但達米西歐的研究推翻了這項說法：事實上，個人的種種感受，在理性運作中乃是不可或缺的。

如今我們知道，每次當我們受到某項事物的吸引或想要迴避時，在還沒有開始有意識地思考整個處境時，大腦早已進行了其他複雜的運作。你所有的本性與過往經驗，都被大腦徵用來製造第六感，接著判斷就出現了，但我們卻不知是從哪裡突然冒出來的。然而，這種無意識的大腦運作能讓我們迅速地解讀他人的意圖，從少量的資訊片段就可以預測他下一步的行動。

現在大家也都知道，當我們第一次遇到某個人，或者是去看一間預計想買下來的房子，大概會在兩秒鐘左右就做出評斷。在《決斷二秒間》一書中，作者麥爾坎．葛拉威爾（Malcolm Gladwell）強烈支持這樣的想法：第一印象與談指間的判斷，往往會比冗長的分析還來的有用（雖然他並未使用「直覺」一詞，而是用「瞬間判斷」）。

雖然我們常常將人類的直覺比喻為豐饒女神，但真的都這麼準確嗎？許多研究報告指出，即時判斷並非總是可靠無誤的。葛拉威爾也承認這一點。他在官網上說明過，他調查過數百間美國公司，絕大多數的執行長都是身材高挑的，這意味著我們都不理性地將身高與領導能力結合在一起。

人類的大腦往往受制於異常大量的偏見與思路瑕疵，在任何時刻，人們都有可能依據未經檢視的衝動與成見而行為，而捨棄較為真實的認知。根據社會心理學家對內隱態度（implicit attitude）的研究，性別與種族等刻板印象往往存在於察覺到的意識底下。的確，直覺有些時候能夠指出重要的東西，但有些時候單純只是洩漏自己心中抱有的無意識偏見。

因此，雖然我們應該善用這個快捷的無意識資訊處理，但卻不應該未經審思就擁抱直覺帶來的種種看法。形成決定的過程中，理性與感性的整體運作缺一不可。最重要的是，我們必須弄清楚在什麼時候應該倚重何者。

但該如何防止自己被錯誤的第六感誤導？事實上很難，也許可以參考「專家式直覺」（expert intuition）。西洋棋大師只需看一下棋盤，立刻就能知道選手當下的處境。這雖然是一種習慣性判斷，而非經過審慎思量得出的結論，但這項

---

50 Antonio Damasio, *Descartes' Error* (Vintage, 2006).

判斷其實乃奠基於長年累積下來的大量思考與實戰經驗。同樣地，我們在自己較為專長的領域中，做出的即刻性判斷比較可靠。我們的確可以培養一下這種能力，但記住，即便是專家還是有可能會出錯。

個人過往的行為紀錄也必須納入考量。如果你常常在馬背上迷失方向，或許就不應該相信直覺所告訴你的：「這次一定知道哪邊是對的。」另一方面，如果你對生意上的好機會總是有靈敏準確的嗅覺，或許就可以較為放心地相信直覺。當然，沒有十足的保證就是了。

我們當然應該重視自己的直覺，但同時也必須記得，直覺性判斷通常會有好幾個不同成因：天性、個人培養的習慣與觀念、受文化影響的偏見、從經驗得來的歸納等等。每一項都應該透過理性仔細檢視。

我們可以培養一些好的思考習慣。多練習，經常留意自己的反應、反覆確認事實以及當下的選項、質疑自己的預設與推論、問問自己是否過度傾向一廂情願相信的東西、是否有不同的視角可以解讀當處境。

另外，我們也可以學習較為「精準」的決策方法。與其單純列出某項行動計畫的優缺點，其實可以一點一點挑戰質疑，捍衛那些真正有價值的理由，排除掉似是而非的藉口。我們也可以試著去衡量這些理由，排出輕重緩急。雖然這稱不上是嚴格的科學方法，但還是能幫助我們稍微掌握它們相對的重要性。

我們當然應該重視預感與立即性判斷，它們往往能讓人察覺重要的事物。但這不代表直覺能完全取代批判性的理性思考，我們得小心，直覺很容易被認知扭曲（cognitive distortion）掌控。第六感的最佳運作模式便是與理性思維反覆對話。頭腦與心就不再有對抗的問題，反而比較像是持續不斷的交談。

哲學家

假設你在大海上搭乘救生艇逃離剛沉沒的船隻。你看到有人在幾公尺外的海面上載浮載沉。救生艇上還有空間，救援物資也相當充沛。這時候，你應該怎麼做？

如果你試著用相當嚴謹而繁複的理性推論來回答這個問題，就是怪人一個。幾乎所有人都會有相當明確的道德直覺：將救生艇划過去救起那些快要溺斃的乘客。但是，正如同哲學家昂諾娜．歐妮爾（Onora O’Neill）所指出的，我們可以從上述那個具體的道德直覺，歸結出一條具有普遍效力的道德原則：任何有資源的人，都應該付出少量的努力，去幫助那些沒有資源的人。舉例來說，西方世界的富裕人民就應該去幫助開發中國家的百姓，正如我們該駕著救生艇去救人[51]。

不過這個推論有點怪，似乎認為直覺就足以撐起沉重的哲學討論中心。我們唯一做的就是引出本能性反應，然後就推導出一條普遍性原則。不過，這種推論方式在道德哲學中還蠻常見的。在某些著作中，整個理論的發展皆圍繞著一系列的思想實驗，以及引出的各種道德直覺。最有名也或許是最惡名昭彰的例子，莫過於「電車問題」（trolley problem）：有一輛失控的電車即將衝進遂道，但裡頭有許多工人正在軌道上進行工程作業，如果不想點辦法，電車將會撞死那些工人。你可以降低總死亡人數，但卻得犧牲其他人：調整轉轍器讓電車走上另一條軌道，撞死的人會比較少；或是把一個肥胖的人推下橋擋住電車的去路；或是將這個肥胖的人腳下的活板門打開讓他掉到軌道上阻擋電車。這個思想實驗的例子各式各樣，廣為流傳，還有人戲稱為「電車學」（Trolleyology）。還有人更動原始設定來引出不同的道德直覺，相互比較，看看是否能夠指出道德問題上的重要差異，或者用來突顯各項價值的不一致之處。

丹尼爾・丹尼特（Daniel Dennett）將這類思想實驗稱為「直覺幫浦」（institution pumps）。他清楚地指出，這類思想實驗並非理性論證，只是用來導引出人們的直覺感受，讓它們更清楚而明白[52]。然而，更難的問題在於，要如何闡明這類直覺在我們的道德推論中應該扮演何種角色。它們通常舉足輕重。例如，當道德直覺與道德原則發生衝突時，通常我們會以此質疑原則，而不是拋棄直覺。

要使道德直覺在道德推論有適當的位置，必須清楚地知道這些直覺到底是什麼。有時候我們會認定是人的天性，但在事實上，我們並沒有理由去相信它們是與生俱來的。有些可能是人的自然本能，有些可能來自人們的生活經驗。無論它們怎麼來的，都會使我們在無意識且欠缺理性考量的情況下，做出習慣性的（通常也會是強烈的）判斷，有時候甚至會完全違反理性考量後所得出的結論。要用理性證明這些直覺很難，即便可以，只要捫心自問，就會發自己只是在事後把那

51 Onora O'Neill, 'Lifeboat Earth', *Philosophy and Public Affairs*, Vol. 4, No. 3, (Spring 1975), reprinted in *Political Thought*, eds Michael Rosen and Jonathan Wolff (Oxford University Press, 1999) pp. 304-18.

52 參見Daniel Dennett, *Elbow Room*, (Bradford Books, 1984)以及*Consciousness Explained* (Little, Brown, 1991).

些直覺給合理化而已。或許，理性論證真的可以證成那些直覺，但絕對不會只是說「那就是我們的直覺」，或單純地「感覺到」它們是正確的。

事實上，直覺不只在倫理學中有重要地位。在各類理性探索中，它都是不可或缺的要素。以哲學史上最古老的問題為例：什麼叫作知識？最古老的答案之一則是：可被證成的真實信念。然而，只要用思想實驗當作直覺幫浦，就能夠成功挑戰這個答案。假設你的對面鄰居有一輛白色的Mini Cooper。傍晚時分你坐在家中，從窗戶看向對街，看到那輛車就停在鄰居家門口，他家客廳的燈也開著，所以你能隔著他家的窗簾看到裡面有個移動中的人影。因此你有理由相信你的鄰居現在正在家裡，而事實上他也的確在家。如果這不算知識，那什麼才算知識？然而，好巧不巧，你的鄰居實際上只待在家中短短五分鐘而已。在過去的四個小時，在他家裡的是他的親戚，當中也有人開外觀一樣白色的Mini Cooper，還停在你鄰居家門口。基於表面上看來幾乎一致的理由，如果你打開窗戶看出去，就會想說你鄰居在家，但結果是錯的。在這個例子裡，證成的信念要成真的話，似乎是由運氣來決定。在這些類似情況下，你總不能說自己有真知識吧？

思考這類問題時，直覺再次扮演關鍵性角色。許多人都清楚體會到，這個思想實驗顯示出你並未擁有該知識。但如果有人要我們解釋為什麼，理由似乎在事後才會出現，而不必然是當下判斷的基礎。理性提出理由，但直覺卻直接做出判斷。

這是否意味著，在倫理學與其他所有的理性活動中，大家都只是在為赤裸的感受提供某種體面的理性裝飾？希望不是如此。有時，我們的確可以依賴直覺，但這並不代表可以完全信任各種直覺感受。理性思考可以揭穿假象，有些直覺只是未經證實的偏見，有些則是無理性根據的認知扭曲。即便我們一定會有無意識的習慣性反應，只要了解自己，我們還是可以改變稍後的作為。

雖然如此，我們還是要體認到，理性運作的過程不能欠缺直覺式判斷。若想變得更理性，除了要避免完全依賴直覺而行為，也得承認，我們不可能排除直覺去思考。如果你覺得我把直覺的講得太重要，那至少在現實的思考過程中，直覺式判斷不只是在理論上，在實務上也總是能發揮一定效用。純粹的理性當然會要我們把事情徹頭徹尾想一遍，但最現實的情況是——我們沒有足夠的時間。因此，直覺不是用來取代理性，而是不能缺少的好幫手。

第十章　重視外表錯了嗎？

心理治療師

下面這段敘述看似雞生蛋、蛋生雞：我們如果重視自己，就會照顧好自己的身體；如果將自己的身體保養得很好，就會更加看重自己。人們普遍認為，若能夠將自己的身體照顧好，不僅是善待自己的表現，同時也是提升自我的方式。理由相當明顯：人類作為一種心智與肉體的結合體，應該沒有人會認為心智狀態與肉體狀態毫無關聯。任何部分做出變動，都會對其他部分造成一定程度的影響。

然而，肉體與心智之間的互動關係，有沒有可能並不如一般想像的那樣直接？很少人會同意古希臘犬儒學派的觀點：在人類身上，唯一重要的東西就是理性能力，因此，我們根本不該去關注自己的肉體或外表。儘管如此，現今社會依舊流傳這樣的觀念，只是沒那麼極端：人的肉體只是個軀殼，裡頭住著人的靈魂，因此不應該過度重視肉體。

想當然耳，沒有人會認為我們應該漠視自己的身體健康。所以，許多人主張忽視肉體的重要性，針對的應該是外表。人們為什麼要去關心今天的髮型好不好看、皮膚是否有皺紋、身上的服裝與配件是否能準確地展現出自己的樣子？最重要的當然還是我們的性格、價值觀與興趣、以及對待他人的方式？

當有人展現出生命的熱情與悠然自在的生活態度，我們都會覺得這樣的人很有吸引力，不管他外表是否符合大眾的美感。我們永遠無法平息質疑：過度關心自己的外表是相當膚淺的行為。根本搞錯重點，真正的美應該是來自於內心。

但我們不能忽視以下事實：心智當然佔了人類很大的成分，但身體也是。因此，有哪些理由足以支持我們美化自己的外表？先想想這個事實：在人類文化中，裝扮自己、讓自己變好看是快樂的事情，這種傾向很自然又普遍。但這也不能證明什麼，畢竟說謊與欺瞞也是我們的自然傾向。自然的事物不必然都應該支持與鼓勵。

還有其他較為務實的理由支持人們打扮自己。我們得用各種方式呈現自我，好跟外在世界溝通，所以重視外表也是應該的。如果你穿著拖鞋、短褲與花俏的熱帶風情上衣去參加正式的工作面談，就要有心理準備將不會得到這份工作。

我們還必須留意各種禮儀與習俗，不同場合就該搭配不同的服裝。當然，這還是要取決於你是否支持這項禮俗。你認為晚宴西裝太菁英氣息，所以拒絕穿它出席活動（即使你會因此處於不利的狀況）。不過，你倒是意願意在喪禮上遵守各種習俗。

另外，提醒一下讀者，其實適度地關心自我的外表，也能夠改變內在感受，這是自我調整很有效的方法。脫下暗色系的衣服，改為較明亮的服裝，就能改變心情。有時，若能從外表找回喪失已久的自信，就能重新振作，讓我們有力量去進行人生其他方面的改變與成長。

因此我們可以說，適度地注重外表，在我們生命扮演正面的角色。當然這不是說我們每人都要變成穿著Prada的惡魔，只能躲在一層層精心梳化的濃妝底下。但是，我們要如何畫出適當與過度的界線？

有幾個跡象可作為標準。如果我們將大多數時間與資源都用來關注自己的身體，而忽視了其他更加值得追求的事物，顯然就是過度重視外表。如果我們的自我形象過度依賴呈現給他人的樣貌，那等於是戴著面具去面對世界。美國心理協會（American Psychological Association）的報告指出，有項研究顯示，女孩一旦想到自己是他人欲求的對象，或真的把自己當成他人的渴望，就會降低對自己身體的自信與舒適度[53]。

我們也可能受制於種種強勢的或不切實際的「美」的概念。生活周遭充斥著太多這樣的例子。幾年前，英國廣播公司製作了一部名為「我的小胸與我」（*My Small Breasts and I*）的紀錄片，追蹤拍攝三位年輕女性飽受不同程度的憂鬱情緒與失能之苦。她們藉由各種方法解決身材問題，甚至包含較為特殊的乳房吸盤與雷射光療等等。但是，她們所耗費的時間與精力真的是必要的嗎？

另一個廣為接受的理想形象，就是外表一定要保持永遠年輕。許多人非常贊成整形手術，厭惡的人也很多。支持整形手術的人說：「有何不可？」畢竟，我們平常就會注重養生保健，整形手術只是延伸手段，它甚至可以讓日常生活變得更加順遂，特別是你所處的工作環境要求你要有青春的樣子。

但是，反對整形手術的理由似乎更加強而有力。單單想到手術的花費與無法預期的風險就已經讓人退避三舍。還有一個反對意見也不是沒道理：我們不應該支持這樣的社會風氣，把青春看得比什麼都重要。然後最根本的反對理由或許是，太努力保持年輕最終會造成反效果。不論我們進行多少次的除皺拉皮手術，老化終究會打敗一切。因此，我們最好做好準備，把心力投入在其他讓人滿足的領域。畢竟拼命想抓住青春只是徒勞的掙扎。

適度地關注自己的外表是好事，不過怎樣才算過度，很難找到明確可一分為二的界線。當然，人生就是這樣，很多事情都沒有明確標準。除了極端情況外，「過度」與否，只能從個別的人與情境去判斷。每個人都得判斷各項事物在自己的生命歷程、心理結構與日常人際關係中所負責的功能，好找出自己的適當標準。

對某些人來說，凌亂的外表反映出失序的心智狀態，但還有另一些人在悉心打理、光鮮亮麗的外表下卻隱藏著痛苦。對於前者來說，剪個頭髮、改善衛生、更加關注自己的服裝儀容等等，都是重拾自信的第一步。但對後者來說，所謂的進步或許就是勇敢素顏上街。

---

53 *Report of the APA Task Force on the Sexualization of Girls* (American Psychological Association, 2007).

因此，問題並不在於應該或不該做哪些事情，例如塗口紅或穿著名設計師馬諾洛（Manolos）的服裝。重要的是去反省這樣的自我關注對自己的意義為何，以及思考它在自己生命的重要性。

哲學家

一談到外表，我們通通變成偽君子。幾乎每個人都同意，我們並不應該以貌取人，但不論自己承認與否，我們實際上都會用外表去評價他人。心理學家的研究顯示出，即便是那些終其一生努力對抗種種偏見的人，還是會對他人的性別、種族、甚至是姓名等抱有一定程度的刻板印象，這些都可能是很細微的社會階級指標。

如果你認為自己完全不會受到這些偏見影響，大可以上網去做做看哈佛大學的「內隱聯結測驗」（Harvard Implicit Association Test）[54]。這些測驗不需要許多個人訊息。除非你真的非常與眾不同，不然你將會發現，你直覺上對他人身分與特質的判斷，其實都來自各種你不願承認的刻板印象。舉例來說，你很可能真誠地相信女性如同男性一樣有能力成為科學家（甚至妳正是一位抱有如此信念的女性同胞），但當你不經意看到「科學家」一字時，腦海裡最迅速且確實地浮現出的依舊還是男性形象，而非女性。還有，相較於醜陋的人而言，你會更傾向於認定外表姣好的人擁有各種正面特質，諸如聰明與友善等等。

這些膚淺的判斷如此根深蒂固，因此如何呈現自己的樣子，遂成為了人際關係上的兩難，內心也會覺得很矛盾，對女性而言更是如此。一旦外表符合社會期待，就可能成為延續負面刻板印象的共犯。但如果想要公然挑戰社會期待，就必須付出某些代價，因為不管人們怎麼口頭上怎麼說，絕大多數的人還是會用異樣眼光看你。你願意承擔壓力，以不同的方式呈現自己來避免加深偏見，這樣做值得讚許。但要求他人也這麼做就太過分了。嘗試挑戰現有體制，會讓他們的個人利益暴露在危險中，更不要說大多數的反抗行為連一根寒毛都動不了。

然而，我們也會變得太樂觀，只想接受世界的既有樣貌，而不是想辦法去挑戰它。舉例來說，許多人確實發現，多關心自己的形象有助於提升自尊心。那樣

---

54 https://implicit.harvard.edu

做也沒錯，但也有壞的一面，比如開始對他人施展過多權力，或沉醉於馬屁精的阿諛奉承，最後自我變得越來越強大。讓自己變得好看當然有價值，但衡量標準不單是它讓我們的感覺變多好；任何事的價值都不是這樣看。

不過另一方面，受過良好教育的人常常過度強調社會有多數淺、瑣碎。輕蔑外表常常能展現知識分子的優越感，顯示自己比膚淺的一般大眾看得更透徹。的確，絕大多數的事物都有許多看不到的一面，但這並不代表最真實、最重要的只存在於肉眼不可見之處。所以，許多對外表的看法都只是未證實的假設，皆來自於思想史上一再出現對「表象」與「真實」的種種區分。

在柏拉圖與康德的著作中，我們可以看到最嚴格明確的區分。柏拉圖認為，物質世界的所有事物都只是理型（ideal）的不完美複製品，而理型只存在於人類感官無法察知的世界[55]。康德的理論是，我們只能感知到事物外表呈現出來的「現象世界」（phenomenal world），而事物真正樣貌所屬的「本體世界」（noumenal world）則超越了人類經驗的範圍。即便柏拉圖與康德是對的，我們在日常生活中對於表象與真實所做的各種區分，也只能應用在他們所謂的物質界或現象界。因此，當我們談到某人如何呈現自己、他的真實面貌為何，這種表象的真實跟未知的理型世界或本體世界毫不相關。因此，柏拉圖式與康德式形上學，其實無法正式用在我們日常對表象與真實所進行的種種區別。

與其用表象與現實這種二分法來思考，不如想想我們所處的真實面有多少層次。透過各種描述或感知方式，不同層次的真實就會浮上檯面。以甜甜圈為例，若從人類感官與日常描述方式去來看，就是個鬆軟、輕盈、沒有缺口的物體，只是中間有個洞而已。但若透過電子顯微鏡來看、用物理學去描述，甜甜圈就變成一個大黑洞，許多原子在廣大的空間中跑來跑去。但這並不表示感官層次的描述就只是個表象。兩個層次都是真實的，但哪一個比較有意義？對物理學家來說，就取決於那個甜甜圈究竟是研究對象、還是他的食物。

我們常常以為，科學能顯示許多事物並非以真實面貌呈現在人類眼前。那是因為我們深信某條普遍原則，也正是柏拉圖與康德最經典的教誨：隱藏的面向通常會比能觀察到的更加真實。但稍微想一下，就知道沒什麼道理。舉例來說，每

---

55 參見Plato's *Republic*, trans. Robin Waterfield (Oxford University Press, 2008) 以及Immanuel Kant, *Critical of Pure Reason*, Second Edition (1787), trans, Norman Kemp Smith (Palgrave Macmillan, 2007).

次你打開一個俄羅斯娃娃，並不會認為現在看到的比剛剛套在上面的那一個更真實。它們的真實性是一樣的。同樣地，不管是人與事物，也都是這樣從宏觀到微觀層層堆疊，但不能說哪一個層次更為真實。

這一點也可以解釋我們如何呈現自己外表與個性。一般來說，人的外表就是直接出於他們的想法，但不能因此認為，人的外表只能反映出想法，但比較難顯示真實的一面。顯而易見的是，人們以何種方式呈現自己，已經大量透露他們真正的價值觀，甚至包含自己都沒清楚意識到的真實自我。

我們之所以提出真實面貌的不同層次，重點在於反對那些偽佛洛伊德論調。那些人認為，不論我們平常看起來如何，意識觸及不到的部分，永遠都更能夠代表最真實的自我。據此，一個平常很冷靜的人某天突然異常盛怒，我們便會竊竊私語說這傢伙終於顯露出真面目了。我們沒有理由接受這種論調。即便是最冷靜的人也是有脾氣的，事情不過就這麼簡單。打開一個面容文靜的俄羅斯娃娃，發現裡面那一個是生氣模樣的，不代表我們揭露這整個娃娃的真實面貌。我們只是看到她少見的那一面，而且通常隱藏得很好。

總之，外表有多重要？我認為它如同其他面向一樣，都反應出了人的真實樣貌。只是真實是有不同層次的，看得見的並不會比看不見的更加真實或虛假。因此，有智慧的人會懂得欣賞外表的真實面，不是只會探求表象下有多真實。

第十一章　意志與決心

哲學家

如果哪天你突然發現沒辦法用水壺去烤土司，我不認為這會是宇宙間的一項大謎團。如果有人連續好幾個小時努力嘗試用水壺去烤麵包，當然會被當成怪人，沒人想理。我對某些哲學家也有這種感覺，他們認為，「意志薄弱」是一個有深度的嚴肅問題。這些哲學家坐在沙發上抓著頭皮想著：「人們怎麼可能不去做自己認為應該去做的事情？」我瞧著他們，不禁想著：「你們會不會太閒了……」當然，如果有一台純粹依據邏輯法則運作的機器，常常在沒有正常原因的情況下，竟會不依據先前指令執行後續動作，那就令人困惑了。但如果我們觀察的對象是人類行為，那麼意志薄弱的情況是再自然不過的事情。

心理學在很久之前就應該將這個問題從哲學領域中接手過去。我們現在已經知道，在人類的心智運作過程中，並不存在單一的控制中心，當中反而有許多彼此衝突甚至牴觸的各種欲望。就好像我們的腦袋裡有各種不同的聲音，各自呼喊著想要的東西，最終得償所望的，往往不是要求最合理的，也不是喊叫最久的，反而是在決定的關鍵當下叫最大聲的。我們沒去做真正想做的事情，應該不是意志薄弱造成的矛盾。更適合的解釋為，我們只是沒去做通盤考量後最想做的事情，這樣就不矛盾了。畢竟，沒有三思而後行，再正常也不過了。

在這個問題上，心理學給哲學留下了一些發揮空間。哲學家史蒂芬・施瓦茲（Stephen P. Schwartz）提出了一個相當有趣的說法。他認為，以邏輯的角度來看，難以用理性了解的往往不是意志薄弱，反而是意志堅定[56]。以戒菸為例。幾十年來你每天都習慣抽一包菸，但現在想要戒菸。你選擇從某日某時開始戒菸，然後，有支捲滿菸草的紙菸誘惑著你去抽它。如果這次你順從了誘惑，真的會帶來什麼實質上的變化？宏觀來看，多抽這一支菸不會造成什麼傷害。這並沒有違反邏輯，單純就是事實。然後，我們當然可以合理地推論，再多抽一支菸也不會怎樣，再多一支也不會，再多一支也不會……

當然，如果你真心想要戒菸，就必須有「最後」一支菸。問題在於，我們根本找不到好理由說明，為什麼某支香菸就是最後一根。由此看來，單單只是再多抽一支菸並非不理性，也沒有合理的理由說明為何某根菸應該是最後一支。同樣地，再一杯酒、最後一塊蛋糕、明天再去健身房都是一樣的道理。

不過這樣解決不了問題。想要達成某項設定好的目標，有時我們必須任意選擇一個步驟當作出發點。哪一支菸是最後一支，根本無關緊要，隨便一支就可以開始。同樣道理，吃下任何一塊蛋糕都不會破壞減肥大計，但就是得踢開一定數量的誘惑，否則就永遠無法減重成功。如此看來，弔詭的地方在於，我們會發現自己有好理由去實踐一連串的行為，但若把每個步驟拆開來，就沒有好理由去實踐任何一個。這的確是很難搞懂的難題，也沒幾個人會動腦筋想那麼深。我們以為意志薄弱的人就是不理性的動物，讓自己熱切的欲望壓過冷靜推論給出的答案，完全不考慮個人最大利益。事實並非如此，只是對他們來說，一丁點的邏輯思考比完全不想還煩人。

---

56 Stephen P. Schwartz, 'Reason's on quitter', *The Philosophers' Magazine*, Issue 36, 4th Quarter 2006, pp. 27-30.

並非只有哲學家會在意志薄弱問題上犯錯。常言道，下定決心後，最大困難就是如何堅持到底。不過，我反而認為問題在於，我們其實不大清楚何時應該放棄。荷馬．辛普森的建議可能沒什麼智慧，但倒是蠻吸引人的：「你盡全力了！但不幸地輸慘了。這教我們一件事：永遠都別再試了！」的確，我們不該老是堅持要無止盡地一試再試。有智慧的人總是知道何時該放棄。雖然肯尼．羅傑斯（Kenny Rogers）跟亞里斯多德兩人看起來不大搭，但他們一起告訴你的可多了，足以讓你知道何時該放下。

亞里斯多德提出最實用且歷久不衰的洞見就是，美德不是像其他好事一樣，擁有越多就越欣喜。相反地，美德是擁有正確數量的事物，太多或太少都不好。決心就是個好例子。決心太少，就會優柔寡斷；決心太強，就會缺乏彈性，變得目光偏狹或過度狂熱。肯尼．羅傑斯的名曲〈賭徒〉（The Gambler）所描述的那個賭徒，他能夠看著手中拿到的牌型，清楚知道什麼時候應該繼續跟注，什麼時候又應該放棄牌局。

賭徒為什麼會擁有這樣的智慧？他必須研判對手拿到的牌型，考慮檯面上的賭金多寡，接著判斷自己手中的牌是否有贏面。所以他得提高警覺，因為一有風吹草動，局勢就會改變。有的牌局值得冒險賭一把，但賭金太高的話，就要三思。你拿到一組看來不錯的牌，但如果你多少能猜到對手的牌型，就會知道自己到底是處於優勢或者劣勢。賭徒最不應該犯的低級錯誤，就是只看著自己手中的牌就判斷好壞，馬上決定要蓋牌或是跟進到輸個精光。

現實生活中，不論我們手上的牌是別人發的還是自己選的，都可以用上同樣的基本原則。我們會開始追求某個目標，多少就是因為判斷或感覺手上的牌有獲勝的機會。不過常常行動一開始，現實就會讓我們知道，當初的算計可能是錯誤的。我們依舊珍視當初設定的目標，但卻逐漸了解，達成目標必須付出的代價遠高過當初的想像。最重要的是，代價必須包含機會成本，亦即我們因為決定繼續追求，而失去了從事其他活動的機會。試想，你用好幾個週末去完成卡蒂薩克號（*Cutty Sark*）的火柴棒模型，同樣的時間拿來搭船航行有多好玩呢？

柏拉圖認為，若人深信某個行為是正確的，就絕對不會選擇去做其他的事情[57]。如果柏拉圖是對的，決心動搖便代表不夠堅信。換個角度來說，無論現實

57 Plato, *Protagoras*, 352a1-361d6, trans. C. C. W. Taylor (Oxford University Press, 1996), pp. 54-66.

有什麼變化，或認知到新的事態，我們卻依然深信不變，那就太執著了。這時我們需要的不是堅信的勇氣，而是搞清楚自己的信念有沒問題。

心理治療師

有時我們下定決心無論如何都要完成目標，結果往往是，一遇到挫折就輕易地打退堂鼓。相反地，有時過了最後期限，我們還會努力一段時間，徒勞無功地追求一個假目標，只因為害怕成為半途而廢的人。當初設定的目標到底要不要繼續堅持，往往會讓人陷入兩難。該付出更多努力、繼續追求並設法完成目標，或者隨波逐流、有輕鬆的辦法就做，反正人生苦短。思考這些事總是會花掉我們許多時間。

如何才能堅持決心？要找到好建議並不難。大致可以濃縮成幾個經驗法則：把雄心抱負拆解為好掌控的幾個步驟、設定具體可實現的目標、與他人共同討論或適時地給自己小獎勵等等。但這些方法無法用來決定是否該放棄，我們依然會陷入猶豫不決的兩難。如果你正在疑惑是否該放棄，我建議你可以問自己一連串的問題。首先要問問你自己，某個目標是否適合你去追求。如果是的話，就要求自己繼續努力，如果不是的話，趁早放棄它。

再來想想看，以現在的情況，當初的決心是否還適合自己。在設定目標之初，我們常常沒有做足功課，想想它對自己有多大的價值、是否值得投注心力。任何目標如果在實際上與我們的性情與習慣牴觸，就會需要投注更多的努力去追求。有時我們一旦理解到這個現實，決心就會馬上消失了。

因此，我們得毫不保留地一一檢視自己的價值觀。在「你真正想要做的事情」與「你認為應該做的事情」之間是否有落差？你是否被動地接受了他人的價值體系？你的各種價值觀是否有衝突之處？你所設立的目標本身是否就是一種價值，抑或只是達成其他目標的手段而已？從零分到十分，評估一下某目標有多重要？最後的問題尤其能提供一些有用的訊息。舉例來說，我們會覺得學拉丁文很好，但不能這樣就準備去實現，畢竟值得做的事情太多了。

其實，大部分的時候，立下決心不是什麼問題。舉例來說，不論從什麼角度看，你都覺得自己應該戒菸了，心裡也很滿意這個決定。然後你熱血沸騰開始戒菸行動，但時間一久，卻發現自己緬懷起昔日的快樂時光，於是只好總結說：我真是沒有意志力的人！

這麼想就大錯特錯了。我們都誤會了，以為意志力是某種內在能力，每個人不一定都有，這樣想反而會造成反效果。我們的確想達成某些目標，例如從事有創造性的工作或是變得更健康等等，但同時也想要別的，例如過得快樂、舒服或是不必再努力些什麼。所以不可低估內心的抗拒力，硬要做不想做的事情，因為長期建立的習慣會默默地使力把我們拉回常態。

我們的欲望與偏好可能會相互牴觸，有些可以達成當下想要的目標，另一些則有助於維護我們的長期福祉。不過前者通常都會勝出。但如果我們清楚未來的方向，下一步就是確認我們的動機要把自己帶到哪，接著找出有效率的方法重新導向未來的路。

當然，說的比做的容易。在多年來面對成癮者的工作經驗中，我體會到，有兩個小習慣一定要嚴加提防。其中之一是想都沒想就馬上行動：當你經過杯子蛋糕店時，突然渴望浮上心頭，於是立刻買下蛋糕，狼吞虎嚥地吃光它。另一個是合理化自己的行為，比如騙自己說「僅此一次，下不為例」，畢竟「今天是我的生日嘛」，或是「今天壓力特別大，應該放鬆一下」。

因此，怎麼看待「意志力」就非常重要。在《奧德賽》的故事中，尤里西斯知道自己無法單憑咬緊牙關就能夠抗拒女海妖的誘惑，因此要求船員將他緊緊捆綁在船的桅桿上。他了解自己接下來會做什麼，所以他把意志力運用於尋求外在協助，以防止自己做那些事。在日常生活裡，我們也可以找出某些方式將自己綁在桅桿上，例如遠離誘人的事物，或是立下有約束力、無法反悔的約定。當我們看得夠遠且做好準備，才有辦法管好自己。

當然，放棄戒菸以及放棄博士學位不是一模一樣的事。只要看看我們以前給自己的各種藉口，就輕易就能看清楚戒菸的決心是正確的。但第二種情況就複雜許多，贊成與反對的理由幾乎打成平手。

假設你已經花費許多年的時間去攻讀博士，與沒什麼同情心的指導教授辛苦奮鬥，動力越來越弱，還忽略許多朋友與其他興趣。到目前為止，你尚未考慮要放棄學位，但下學期準備註冊了，你開始懷疑是否應該適可而止了。但你已經為付出了太多的時間與精力，不想半途而廢，你相信自己終會獲得博士學位。

不屈不撓當然是生命中相當重要的美德，每個人一再重申它的價值，甚至過度強調它的重要性。事實上，與其固執地巴著無關緊要的目標，還不如立刻放棄。為了避免掉入那種陷阱，當我們決定放棄與否時，就不用再根據已經付了多少代價，不論是金錢或其他方面。以博士學位為例，過去幾年付出的辛勞與學費都已經無關緊要了。眼前你應該考慮到的是，學位對於你現在（而不是剛開始就讀時）的人生來說有重要性有多高。

當然，如果目標根本就是無法達成的，應該可以輕易地做出放棄的決定。只是我們也很容易看走眼，沒發現前面有無法解決的障礙，不過只要從客觀的角度去看，應該就能知道問題的全貌。真正困難的取捨決定在於，有時奮力一搏就可以成功達標，但代價是健康、人際關係以及享樂的機會，而且一旦付出就難以回收。老樣子，沒有任何的公式可以輕鬆釐清這些問題。你必須檢視自己的價值清單，再決定某個目標是否值得繼續追求。如果追求它會嚴重破壞你所珍視的事物，例如健康與人際關係，放棄將會是你唯一合理的選擇。

第十二章　應該怎樣愛自己

心理治療師

家族治療法的先驅維琴尼亞．薩提爾（Virginia Satir）從小在威斯康辛州的農場裡長大，她對童年時期家裡的一個黑色鐵鍋印象特別深刻，那給她許多靈感。在薩提爾小時候，那個鍋子在不同時刻會裝著不同的東西：有時裝滿她母親常做的濃湯；有時裝著農場工人自製的燉肉；有時又裝著要用在花圃的肥料。任何人若想要使用那鐵鍋，便必須先看看裡面現在裝著什麼東西，以及裝了多少東西。薩提爾後來在思考案主的自我價值感時，發現那是個很好的譬喻。於是，「盛滿的鍋子」便用來指稱擁有高度自我價值感的人；「空空的鍋子」則形容沒什麼自我價值感的人。我們可以用較廣義的「自愛」來指薩提爾所謂的自我價值感。當然，不管我們怎麼稱呼，重點是我們如何看待它。所以，我們應該在裡面裝些什麼自愛的成分？

今天我們談到建立自尊時，常常指的是以正面方式自我評價。彷彿全民運動一樣，不只別人認為我們自尊太低，連我們自己都這樣認定。缺乏自尊就是所有罪惡的根源，這幾乎成為我們社會無法撼動的中心思想。為了確保我們的健康與福祉，自尊一開始流失，一定要趕快補充。

於是，你就開始試著提高自尊，例如常常誇獎自己。站在鏡子前面，反覆地告訴自己你有多討人喜歡、有多成功。不過，自己想成為的樣子與實際上看到的自己總有落差，一想到這一點，恐怕心情就更壞了。

市面上提高自尊的步驟方法很多，但看起來最不可靠的策略就是強迫自己達成更多的成就。那就像你拿了一個有破洞的鍋子，為了讓它永遠保持盈滿，就必須一直加東西進去。一旦停止補充，水位就會降低，然後你的自尊立刻就會消失。

自尊過高也不是什麼好的生活態度，會讓人自我過度膨脹，以傲慢的態度去對待他人。寫過許多文章討論「接受與承諾療法」羅斯·哈里斯（Russ Harris）

問了一個很好的問題：「有些人會完全沉浸於正面的自我評斷，一直說自己是個成功者、優勝者、勝利組等等。你是否有辦法打開心胸，以尊重和平等的心態與這種人建立良好的交情？」[58]哈里斯指出，自尊過高的人，也往往會有一些不受歡迎的性格，例如當別人對他說實話時，他就會表現出自戀、偏見或是防衛心。

心理學家史迪芬・平克（Steven Pinker）認為：「針對過去二十幾年來社會上發生的暴力事件，我覺得最常見、最驚人的錯誤觀念就是，以為這些行為都是自尊太低造成的。自尊高低是可以測量出來的。然而，研究報告顯示出，精神病患、街頭惡棍、霸凌者、會家暴的丈夫、連續強暴犯以及仇恨罪行的犯罪者等等，這些人的自尊都高到破表。」[59]

那麼，我們的應該朝哪個方向努力？重點並不在於對自己做出正面評價，無論如何我們怎麼看自己，都無法脫離在世上的所做所為。不應該在自吹自擂的同

58 Russ Harris, *The Confidence Gap* (Robinson. 2001), p. 98.
59 Steven Pinker, 'A history of (non)violence', *Foreign Policy*, December 2011.

時，完全不去在乎自己的行為。想說服自己是好人，但做的事都很自私又不體貼，也心知肚明沒有發揮全力。不論我們每天早上對自己重複說多少肯定句，永遠無法取代誠實的自我評量以及腳踏實地努力去做更好的人。誠實的自我評量當然會有自我讚許，但可惜的是，也包括自我批判。

有人會說，多謝你的建議，我已經做了夠多的自我批判了。當然啦，你這樣說也沒錯，坊間好多書都在幫助自我批判太深的人：「管好你的自我批評」、「自我批判的自我療癒」、「超越自我批評」、「如何與自我批判共處」、「卸下你的自我批評」。

與此同時，社會心理學的研究則顯示出，從許多方面來看，我們就是一群好騙的凡人，自我批判的程度連邊都沾不上。許多人相信自己的能力高於平均值，而且大多被自己的自私偏見蒙蔽。心理學家相信，我們時不時都認為自己的成功完全是自己努力而來，並且將失敗歸咎於外在因素。但是，當我們在評價他人的行為時，反而會認為他們該自己負全責，而忽視了外在因素的牽絆。

那麼，我們怎麼為如此自我批判又自我蒙蔽？也許是因為我們並沒有適當地區分出兩種形式的自我批判。第一種自我批判是對自己有敵意，反面則是對自己仁慈；另一種自我批判是勇於面對真實的自己，反面則是自我欺騙。因此，我們可能毫無客觀根據就對自己太嚴厲，但也可以持平地善待自己。帶著敵意的自我批判不可能帶我們走向成長之路。我們心裡那個不斷鞭打自己的何蒙庫魯茲（homunculus，編按：歐洲鍊金術士製造的小矮人）無法幫助任何人變得更好。客觀與自我寬容組合在一起才是最好的：自我批判當然沒問題，只是要帶著和善與理性的聲音。

如此看來，最適切的自愛，並非對自己抱有過高評價的自尊心，而是類似佛教徒所主張的，以充慈愛的態度對待自己，也可以稱之為「自我接納」（self-acceptance）。精神科醫師暨認知治療師大衛．包恩斯（David Burns）同意這樣的想法。在他那本經典的自我成長著作《好心情手冊》（*Feeling good*）中，包恩斯認為，我們應該用更有建設性的方式理解自尊，也就是以對待好朋友的方式對待你自己。

然而，這並不代表我們隨時都可以放過自己。心理學家保羅．吉爾伯特（Paul Gilbert）提出了一個好用的區別：「慈悲的自我修正」（compassionate self-correction）是渴望成長，而「出於羞愧感的自我攻訐」（shame-based selfattacking）則是渴望懲罰[60]。羅斯．哈里斯也提出一個實用又明顯的小區別：評量自己的行為是有用的；評斷自己個人就沒什麼效用[61]。自我接納就是放下那些從全人類角度來看無差別的自我批判，但是，對自己個人的行為與其後果，絕不可視而不見。

現在，我們要把「明辨」與「自我接納」放進鐵鍋裡了。這是個好的開始，帶我們走向值得擁有的自愛感。

哲學家

德國哲學家康德將「絕對命令」（categorical imperative）定義為「此命令要求的行為，本身就有客觀的必然性」。今天，我們也受到各種絕對命令的疲勞轟炸，最普遍的就是要人們必須愛自己。不幸的是，這些生活規訓不是傳承自普魯士哲學家嚴謹的思想體系，大多都來自「正面思考」的意識形態，精神導師除了專門推銷自我成長的商人，還有流行歌手。

舉例來說，平．克勞斯貝（Bing Crosby）就透過強尼．默瑟（Johnny

Mercer）的名曲〈展現你的光明面〉（Ac-Cent-Tchu-Ate the Positive）唱出生活規訓。在這首歌我們可以找到「克勞斯貝的三條絕對命令」：負面人生刪光光（Eliminate the negative）、永遠依靠肯定的一方（Latch on to the affirmative）以及別跟猶豫先生鬼混（Don's mess with Mister In Between）。簡單說，我對這三條命令的回應就是：錯、錯、錯，尤其當我們在檢視自己的時候。

第一，我們得擺脫「負面人生刪光光」這種觀念。那條命令根本就是反哲學，畢竟哲學的宗旨就是致力於批判與糾錯。我們在柏拉圖對話錄中所見到的蘇格拉底，終其一生不為別的，都在為他人解釋哪裡錯了。自那時起，哲學訓練就一直偏重於檢視負面人生這一端。

雖然負面層次在今日像過街老鼠一樣，但我們終究還是需要正確的負面訊息。絕大多數的人都想要相信真實的東西，而非虛假的內容。我們都想要確實地理解這世界，而不是被無知、偏見或一廂情願所扭曲的假象。但如果我們夠誠

60 Paul Gilbert, *Compassion Focused Therapy* (Routeldge, 2010), pp. 105-06.
61 Russ Harris, *The Confidence Gap* (Robinson. 2001), p. 102.

實，就會發現自己大多數的信念皆來自貧乏的資訊、道聽塗說、專家說的或人云亦云。這樣也沒什麼問題，人生如此短暫，我們根本不可能嚴格地去檢視自己的全部信念。因此，如果我們希望自己的各種信念都可靠，便必須注意可能出錯的途徑。我們必須培養敏銳的自我批判能力，提出合理的質疑，證明現在的想法大錯特錯。這正是我們透過哲學訓練最希望培養的能力。

自我批判要發揮最大效用，就盡可能保持客觀與不帶感情。我們越認同某個信念是自己的思想成分，就越不願意去考量有什麼客觀證據會推翻它。所以問題就不再只是信念的真假，而是我們是否願意放棄歸屬感很強的信念。

同樣道理，如果你太在意自己到底是好人還是壞人，做決定時，就會很難判斷某個行為的對錯。一旦開始想自己是怎樣的人，就會粗暴地評斷自己的過去，心中就會升起防衛機制，努力地尋找理由去相信自己自始至終是對的。

所以，最好的自我批判哲學不讓你好過也不讓你難過，不會太仁慈也不會太粗暴。事實上，真正的自我批判與你這個人本身一點關係都沒有，完全只針對你的信念。這聽起來有點不近人情，但客觀的追求就是如此，也是我們要努力的方向。人們常指責哲學家太重視理性；溫和一點的視情感為無物，嚴厲一點的把它當成妨礙思考的有害成分。但是，一談到自我批判，千夫所指的哲學之惡反而成為最重要的美德。

因此，絕不要嘗試刪掉負面人生，反而要去培養清明、持平的負面觀察力。想想自己哪裡錯了，哪些信念有誤，但不用覺得自己是爛人。自我批判不是自愛也不是自我憎恨，單純是理性的自我評斷。不要再用那一堆自我成長導師提倡的自我肯定法，我建議大家每天起床看著鏡子反覆說：「我是隻軟弱、愚笨、可悲、欺騙自己、光禿禿的人猿。這一切都剛剛好而已。好啦，既然上帝創造了這個滑稽又不完美的我，那要怎麼活出最好的自己呢？」

不過，要活出最好的自己，就不能夠太耽溺於自己的情感。接納自己只是第一步而已，接下來還有許多功課要做。幾年前我清楚地意識到這點，當時我正在訪問英國保守派哲學家羅傑·斯克魯頓（Roger Scruton）。我被他的一小段話嚇到，他認為人們應該「使自己成為更加討喜的人」[62]。畢竟，今日社會普遍接受

62 Julian Baggini, 'The Establishment Outsider: An Interview with Roger Scruton', *The Philosophers' Magazine*, Issue 42, 3rd Quarter 2008, pp. 20-30.

的觀念是，每個人都值得被愛，不論你是誰、你做了什麼，永遠依靠肯定的一方。被愛是一項基本人權，所以，「你得想辦法讓自己值得被愛」，這種想法實在太荒謬了。

當然，我們大概都是這樣去理解自愛：除非先學著愛你自己，否則永遠無法去愛別人，這幾乎變成了真理。即便如此，你還是不能（也不該）無償地愛自己。

一九七一年史黛波斯樂團（The Staples Singers）的熱門歌曲〈尊敬自己〉（Respect Yourself）也傳遞了類似的訊息。尊敬自己當然是值得讚許的絕對命令，但歌詞清楚地指出，我們也必須以同樣的態度去對待他人。歌詞一開始便唱著：「如果你不尊敬所遇見的每一個人，怎麼可能希望他人應該要尊敬你？」讓自己成為值得尊敬的人，就是尊敬自己。同樣的道理也可用在自愛。不去想想自己是否值得被愛，再怎麼愛自己都沒用，更不是美德。

然而，無條件的愛難道不是最高、最純淨的愛嗎？對上帝來說也許是。如果是祂創造了軟弱有缺點的人類，那就有責任對每一個人展現出父親般的慈愛。相反地，從人類的角度來看，無條件的愛看起來相當愚蠢。沒錯，有種普遍的善意可以遍及全人類，而且不分時間地點。但愛之所以能深深地打動我們，是因為我們被當成獨一無二的個體被愛著。無差別的愛也很重要，但只有打從心底欣賞某人真實的良好特質，才會重視與珍惜他的獨特性。

因此，自愛要有意義，就要在自己身上找到某些成分，讓自己值得愛。斯克魯頓的想法是對的。與其一味試著去愛自己，我們更應該想辦法讓自己變得更加討喜，其他好事自然來。

現在我們可以來看看克勞斯貝的最後一條絕對命令：別跟猶豫先生鬼混。這怎麼可能會錯？其實，猶豫的人正是哲學家最好的朋友，你應該多跟這種人鬼混，他可以教導你的可多了。自我批判要有建設性，就得一一清點自己的正反優劣。通常我們會得出結論，自己不是事事都對，也不是都錯。同樣道理，如果我們真心想讓自己更值得自愛與他人的愛，就必須找出自己哪些面向討喜、哪些不特別可愛但可接受，還有真的得試著改變的面向。

所以，克勞斯貝的絕對命令最好大改特改一番。歌名先改成：最好展現光明面；那三句歌詞則是：接納負面人生、努力走向肯定的一方、與猶豫先生攜手合作。雖然唱起來不太順口，但至少中肯又誠實。

第十三章　自己騙自己

心理治療師

人類有欺騙自己的能力，再明顯也不過了。例子多到數不清：深信伴侶沒有出軌、以為心儀的人也對你有意思、相信自己考試會過或是事業成功、以為能應付不熟悉的情況。在這些情況中，我們常常沒有可靠的證據就一廂情願地相信。雖然我們應該能掌握一些可信的線索與跡象來推翻信念，還不知為何還是會刻意去忽略。我們隨時都會欺騙自己，從動機、能力與未來的展望，不遺餘力地保護著自己免於看到傷人的現實，盡力讓自己相信令人放心的假象。

這些現象總是令人迷惑，忍不住想問：人怎麼可能欺騙自己？到底是好事還是壞事？有沒有可能避免這類行為？相關著作非常多，但莫衷一是。以定義來看，自己騙自己時，其實是不知道實情。為什麼我們不躲在幸福的無知感下取暖就好？若你正在騙自己，會想要認清現實嗎？

我們總是想要全心擁抱自我欺騙的幻象，原因很多。大多數都無傷大雅，仔細一想對我們可能有些好處。有時候自我膨脹反而能督促自己克服困難、去追求更遠大的目標，進而產生良性循環，增加成功的機會。有時騙自己，就能找到過生活的辦法，而不會一直陷在不幸的泥淖中。許多研究報告皆顯示出，能適度騙自己的人活得比較快樂、更成功，注重現實的人就比較憂鬱一點。

自我欺騙真是好處多多，難怪我們寧願多騙自己一點，即便相對也潛藏許多危險，比如錯判世界情勢、期望過高（大失所望的可能性越大）、做出災難性的決定。

更嚴重的問題是，似乎沒辦法避免自我欺騙。或多或少我們都受困於此。大多數的人在各方面都會高估自己的能力，從開車技術、智商到自己的品格。但我們是否應該接受，自我欺騙就是人類的本性？

不過，到目前為止我們所談到的都只是「適度的」自我欺騙。我不認為有多少人願意選擇鋪天蓋地的幻想，例如相信自己女王，或認定中央情報局正在獵殺自己。持平地說，那種幻想會造成各式各樣的負面後果，肯定會妨礙我們正常過日子，更不要說有美好的人生。

適度與鋪天蓋地的自我欺騙之間有很大的灰色地帶，一般來說都有益處。我們可以保有些許的過度樂觀，不過一旦跨出界線，有證據還不肯認清事實，就等於踏入了危險的領域裡了。或許我們應該清楚畫出一條界線。但自我欺騙神出鬼沒，很難時時監控。雖雖小小的幻想可以給我們一些甜頭，但嚴格來說，我們還是應該盡力減少自我欺騙，保持頭腦清醒，讓自己有能力去面對令人不悅的事實，並採取有效的行動。

不過，自我欺騙是怎麼形成的？它跟人際之間的欺騙不是同一回事，比較像是有個調皮搗蛋的內在自我在玩捉迷藏。更具體地說，人都會刻意、有系統地誤讀接收到的證據。我們多麼想相信她是愛我的，自己是眾多競爭者中最棒的。所以我們忽視不利的證據，只注意符合自己偏好的現實詮釋。

這一點也不意外，因為我們的內心就是一堆相互競爭的欲望與偏好。有時腦海中會有個聲音在低語：「你確定事情是這樣嗎？」但你還是想相信那件沒根據的事，而且聲音越來越大，最後淹沒了其他意見，真相也被竄改扭曲了。在正常情況下，我們一定能看出攤在眼前的證據，但我們只想相信自己要的，因而降低篩選證據的標準。

若說自我欺騙是選擇性地關注事實，那麼我們多少就有辦法提防。除了盡可能對當前處境形成客觀的圖像，還要培養質疑自我的習慣。神經科學家大衛・伊葛門（David Eagleman）在著作《躲在我腦中的陌生人》（*Incognito*）中指出，人的反省能力有其侷限，但也認為：「我們可以學著把注意力放在確實看到的事物，就像畫家那樣。也可以更仔細聆聽內在發出的訊息，就像瑜珈行者那樣。」[63]

為了讓質疑能力更加敏銳，你可以扮演一下魔鬼代言人（devil's advocate）來測試自己。問問自己，如果換成你的好朋友處在你當下的情境中，你會有什麼建議，或想像好朋友會給你什麼建言。或乾脆真的去找好朋友問問看怎麼辦。我們無法讓所有意識下的想法浮上檯面，更不可能徹底清楚理解它們。一般來說，行為動機總是被團團迷霧包圍。我們應該試著多了解自己錯綜複雜的內在，至少讓自己不那麼莫名難懂。

哲學家

對每個人來說，自我欺騙是相當熟悉且可理解的現象，以至於難以察覺它的存在。但是只要捫心自問你怎麼自己騙自己，就會發現，你比任何人都更容易對自己下功夫。

對自己提問不是什麼難事，就好像幫自己洗澡或教自己某事。一個人同時扮演提問者與回答者、或是老師與學生等雙重角色，並沒有什麼弔詭之處。但是，一個人究竟怎麼可能同時身為騙子與被騙的人？要成功騙過自己，你必須知道某事，同時又不知道它。你不可能動手將自己的眼睛遮住，同時卻又不明白為什麼會看不見。

在許多情況下，你都能躲過這個矛盾。只要把自我欺騙簡單看成一種修辭法，就像是用不同的表達方式解釋當前的情況。如果第一時間你並未積極去找事情的真相，那就不算對自己隱瞞事實。沒天分的歌手去參加歌唱節目甄選，他們

63 David Eagleman, *Incognito* (Canongate, 2011), p. 199.

並沒有騙自己很能唱，純粹只是無法從聽眾的角度聽自己的歌聲，也提不起興趣去嘗試。同樣地，如果你懷疑自己是否得到某種嚴重疾病，但卻拒絕去看醫生，此時你並不是在對自己隱瞞事實，只是拒絕去查證。

不過在另一些情況，我們似乎就無法避免這個奇怪的結論：人同時知道又不知道某事。這怎麼可能？畢竟每個人的心中都有好幾個我，既不會異口同聲支持某事，也不會以同樣的方式看世界。一般人都覺得，每個人的大腦裡都有個單一心智在掌握全部的記憶、信念與經驗等等。但當代的神經科學逐漸證幾百年前許多哲學家的想法：那只是幻覺！我們的心智其實是由許多不同的衝動、機能、想法與感受攪在一起的大雜燴，並非總是井然有序地相互連結。衝動的那面讓你抓起渴望許久的那塊蛋糕，理智的那面則立刻想到別的事情。

自我欺騙讓人感到不解，完全是因為我們將自我看成一個獨奏者，但實際上，每個人的心智更像是個爵士樂隊，不同樂器演奏自己的旋律。通常它們的合奏還算和諧，自己聽起來像是單一的音樂作品。但某些時候，有的團員會自顧自地吹起不同旋律，不稍加留意，整團就會吹起另一首歌。

因此，我們至少有兩種不同方式來理解表面上的自我欺騙。在第一種情況下，你沒有騙自己，只是不願意或沒能力去得知某些你知道或猜想會讓人不快的事實。在第二種情況下，不同面向的我各自去探尋不同事物，但卻不互通有無。這兩種情況我們分別稱為忽視（inattention）與分配性注意力（divided attention），而後者才是通常所謂的自我欺騙。

不過，由於注意（attention）一字重複出現，有沒有可能上述兩種情況不是完全不同的現象，只是同一現象的兩種版本？我之所以會有這樣的想法，靈感來自於劇作家亞倫·艾克鵬（Alan Ayckbourn）的舞台劇《聖誕快樂》（*Season's Greetings*）。劇中，納維爾與貝琳達的婚姻況況看來不太好。納維爾應該是很滿意自己有安穩的家庭生活、老婆與孩子，雖然夫妻關係冰冷，但他不想因此危及現有舒適的一切。納維爾的擔憂一點也不過分。雖然沒有關鍵證據，但他確信貝琳達與來訪的客人玩得太過火了，這時他該怎麼做？納維爾選擇相信妻子與客人都喝醉了，才會擦槍走火。但是客人試著告訴納維爾，他們兩個根本沒有喝醉，納維爾只回說：「你們真的都醉了。如果你說不是，我就把你殺了。」

這樣算不算自我欺騙？表現上看來，明顯就是上述的「忽視」案例，行為者拒絕關注會令人難受的事實。但這樣做根本行不通。事實那麼明顯，完全無法忽視，但同時也很傷人，根本無法接受。納維爾的自我之一知道實際上發生什麼事情，不過他得想辦法用另一個念頭轉移注力，希望另一個我不會被激怒，進而做出會整體來說自己會感到後悔的事情。如此看來，又似乎比較符合「分配性注意力」的情況，依此解釋，自我欺騙就是內在許多自我在爭奪主控權。不過在這場肉搏戰中，沒有一方完全勝利。

納維爾的例子既不符合任一種解釋，但同時兩者也都說得通。事實上，我認為只有一種解釋方式：不同部分的自我各自關注不同的事物。如果每部分的自我都沒注意到，那麼一開始我們就可以避免觸及令人不快的事實。如果某個事態只有一個部分的我注意到，其他的我完全都忽略它，以至於大多數的時候我們意識不到這件事，那麼我們就可以稱之為自我欺騙。如果某部分的我相當肯定此事態，或是全部的我都在關注它，那麼我們便無法逃避這事實，它就成為能意識到的一般信念。

納維爾的例子相當有趣，正好就處於上述區分法的中間。納維爾並不打算完全掩蓋那清楚又令人不快的事實。他似乎有察覺到當前發生的事，所以無法完完全全地自我欺騙。但他不願意更一步想妻子怎麼跟人調情，念頭來來去去，就自然從他的意識中溜走，腦袋繼續忙著處理其他想法。納維爾不需要完全關掉那惱人的事實之音，只要確保它夠小聲，忽視它也無妨，就像百貨公司的背景音樂，我們大多不太會注意它存在。

因此，他其實並沒有欺騙自己，只是自我轉移焦點（self-distracted），算是效力較低的自我欺騙。再者，假如自我欺騙是常見的現象，自我轉移焦點就更是無所不在了。

不論最後這樣的解釋正確與否，至少可以確定，要理解自我欺騙的現象，就要知道我們內在有不同的自我、各自有關注點。這是否意味自我欺騙是無法避免的？就某個角度來看，是的。我們永遠無法全面清楚了解自己，永遠無法知道自己的大腦正在對自己進行的所有把戲。然而，只要越理解心智的運作方式、從過去經驗中汲取教訓、質疑自己的動機，就能學會變得更敏銳。悲觀的人總說我們拿沒辦法提防自我欺騙，但也許這種觀念才是最惡意的自我欺騙。

第十四章　社會地位

哲學家

近幾十年來，越來越多證據顯示出，人所處的社會階級，會明顯影響他的健康與幸福感。多位流行病學家如邁克爾．馬爾默特（Michael Marmot）、《精神層面》（*The Spirit Level*）的作者李察．威爾金森（Richard Wilkinson）以及凱特．皮克特（Kate Pickett）等人貢獻良多，那曾經令人詫異的理論，如今變為廣為接受的事實[64]。

64 參見Michael Marmot, *The Status Syndrome: How Social Standing Affect Our Health and Longevity* (Holt McDougal, 2005)以及Richard Wilkinson and Kate Pickett, *The Spirit Level* (Penguin, 2010).

不過，我們說某事很正常或很典型，不代表就去應該追求或不能改變。所有謹慎的人類學研究分析都顯示出，不同時代、不同地點，獲得社會地位的條件也不同。例如，在許多正統的猶太社群中，人們特別看重有學問的人，勝過有錢人。四十年前，英國的老師評估自己的社會地位為四點三分（滿分五分），但最近十年分數持續下降，現在已經低於三分了[65]。社會地位很重要，但這個觀念本身的內涵也是會變來變去。階級不只是環境既定的，有時也是人們去認可的。

因此，雖說社會地位重要是不爭的事實，但也不能全盤接受，認定自己所處的經濟位階重要到不能挑戰。更好的方式是提出質疑，檢視我們一直認為有價值的事物。最激進的挑戰就是問問自己，完全沒有社會地位是否可行？我們沒辦法完全消除社會階級，就如同無法完全杜絕謀殺，但這不妨礙我們盡全力去減少它的重要性。

社會地位在道德上有許多問題，應該拼了命消滅它，這種想法也蠻常見的。理由在於，人人生而平等，但社會地位讓某些人的價值高於其他人，因此破壞了我們共有的平等基礎。只要我們社會有上層階級以及底層人民，就是不平等，更不要說上層人士的好處與權益遠遠超過下層人民。

但反對者會反駁說，全面取消社會地位太瘋狂了，不管你喜不喜歡，從各方面來看，人人其實生而不平等。足球金童貝克漢與南非民權領袖曼德拉都獲得高度的社會地位，世人也都清楚，那是因為兩人分別在足球場上與政治領域有傑出表現。這兩個不相稱的例子擺在一起很有意思，就能清楚看到，我們能取得折衷，既能滿足實現平等的渴望，也能適切地認可各種專業領域與不同才華的成就。也就是說，我們給人部分的社會地位，承認他在特定領域中的表現高人一等，這樣既公平又有正面意義；但如果我們給他全面的社會地位，把他視為比其他人更重要，不管在哪個場合都優待他，既不公平又會有負面效果。局部與全面的社會地位也會錯置，這在貴族統治的社會中最為顯著。貴族享有優越的社會地位，生活的各個面向都獲得極大的特權，但他們與眾不同之處卻只有出生背景，這種偶然事實根本就不該得到任何社會地位。

事實上，有時連想都不想，我們很自然就會把人的部分社會地位轉為全面性

65 Linda Hargreaves, Mark Cunningham, Anders Hansen, Donald McIntyre, Caroline Oliver and Tony Pell, *The Status of Teachers and the Teaching Profession in England: Views from Inside and Outside the Profession*, Research Report RR831A (Department for Education and Skills, 2007).

的。社會名流說的各種意見都有人聽，即便他們某項議題上沒有懂的比較多。相較於一般百姓，他們享有更多的特權，如預訂餐廳或保留機位等等。這些情況並非無法避免。名流們獲得過多的社會地位，就好像世襲君王得到人民崇拜，不過是人類社會普遍的現象。但從整個社會來看，我們還是要試著朝向更公平的環境發展，人們只會因為專業領域的傑出表現而獲得讚揚，但其他方面就應該與一般人享有相同的待遇。因此，貝克漢的確應該在足球界中有極高的社會地位，但這並不代表他在法庭上應該獲得特殊禮遇，他的政治觀點也不該比其他人更具有分量。

然而，要實現這種溫和版的菁英社會還有長的路要走。當前，我們可以先開始思考，什麼事情應該獲得社會地位。有時還蠻容易找到答案的：如果你的木工技巧很傑出，就應該在工藝界中享有高度的地位。然而，不同領域的地位一相比，也會有高下之分。例如，比起史上最棒的賓果遊戲主持人（bingo caller），我們更看重優秀的國際和平談判專家。此外，雖然我把社會地位分成局部與全面的，但應用在現實世界會更複雜。我們有理由尊敬一些傑出成就，它們的角色獨一無二，當事人因而才有地位，但這些成就的影響力卻會無限上綱。曼德拉許多的政治家特質，讓他成為地位崇高的政治領袖，然而我們也據此認為他是偉人。如果你是餐廳老闆，大概會認為，取消常客預訂的座位讓給曼德拉，應該沒什麼錯吧！沒意外的話，連那位常客也會認同你的做法。就此來看，我們得想一想社會地位的排序：哪些種類最重要？在享有重要地位的領域外，他們應獲得多少額外的尊敬？

如果你多少清楚自己對於社會地位的看法，接下來我們最實際行動，就是去找出，在日常生活與工作環境中，哪些人與自己在這方面的看法相近。有些人認為，有錢就應該得到特別待遇，如果你覺得這種想法太驚人，就最好不要去參加將財富視為社會地位象徵的那些俱樂部、社團或社交圈等等。慎選你的同儕。實際上，比起「社會大眾」這種陌生的抽象集合，同儕對於社會地位的看法，更直接地影響著我們。有時你會鄙視某些人，認為他們把社會地位給錯了人。不過請記得，這時你心裡也正在玩著地位排名遊戲。社會地位的問題，終究在於它是如何被賦予的。

心理治療師

許多人類行為的背後，驅力都是追求名聲與財富，甚至只是想改變一下啄序（pecking order，編按：雞隻以啄食與互啄建立階層與領導支配）。在我們的演化史深處，早早就有這種驅力。我們競逐社會地位，就好像公黑猩猩拍手、跺腳與拉扯樹枝製造聲音，去宣示自己的主宰地位。跟黑猩猩一樣，我們都想要「喊水會結凍」。但我們都沒注意到這些相似處，還以為自己的行為等級完全不同。

以人類來說，這股驅力展現在許多層面：不自主地要跟人比較、強烈的好勝心、成為專業領域中的佼佼者，有雄心要獲得財富、權力以及爬上社會頂端，以及渴望得到尊敬與讚賞。你或許會問，這又何錯之有？這些目標很自然，我們身處的社會也都支持。所以我們鼓勵競爭與自我評價（self-evalution），人人都要留意身上的社會地位標籤。

社會地位的問題之一在於，我們常常會將它與真正的成就混為一談，後者似乎是心理健康不可或缺的一塊拼圖。簡而言之，達成某項成就通常會讓我們感到心情愉快。心理學家馬丁．塞利格曼（Martin Seligman）所列出的幸福人生五大要素中，成就即是其一。人們會不停追求任何可以當作成就的事情[66]。我們如果不相信自己有能力達成預設的目標，心理學家稱之為「自我效能」（self-efficacy），很可能會導致人生發展受限。

然而，即便是人生勝利組，心裡叨絮的雜音還是會困擾他，覺得自己做得不好、感覺失敗與低成就，一心在意同儕達成了自己沒做到的成就等等。反正世界是由勝利組與魯蛇組成的，自己就是魯蛇；這麼想並不會增加任何幸福感。

我們常常幻想，只要實現更多成就、提升社會地位，就可以化解低成就感了。擁有更好的工作、房子、身材，就能止住不斷啃蝕自己的不滿心情，然後心滿意足的感覺就會源源不絕湧入。但事實並非如此。這個策略的風險在於，讓自己的人生變成一場永遠無法獲得勝利的競賽。在我們眼中，永遠有人達成更多更高的成就，我們只能不斷地拼命去追趕。人的旅程上，一直這麼比較、評價自己，只會充滿壓力、焦慮與沮喪。

但是，堅決不追求社會地位很困難，尤其我們的文化這麼重視社會地位。基

66 Martin Seligman, *Flourishing* (Nicholas Brealey, 2011).

於社會階級嚴格地自我評判，總是會偷溜進心裡，儘管我們都清楚應該要反對那些價值排名。自己難免會懷疑，信誓旦旦說要打破社會階級，但畢竟我們沒成功攀爬上去，也許只是酸葡萄心理作祟。

長年以來，世界各大宗教傳統也都在大聲疾呼，要慎防膚淺、到處可見、物質性的目標。遠離這些它們，才有助於與世界、他人以及內在自己進行更深的連結。聞名遐邇的靈長類學家法蘭斯・德・瓦爾（Frans de Waal）在書中提到，十三世紀義大利神學家聖波拿文都拿（Saint Bonaventura）是這麼說的：「猴子爬得越高，我們就看牠的屁股越清楚。」[67]

宗教人士諄諄告誡，教導我們不該將生命完全投注於追求社會地位。斯多葛學派的哲學家也認為，社會地位正足以說明，許多事物不是我們能掌控的，不該看得太重。亞里斯多德則認為，許多東西（例如金錢與認同）雖然不是完全沒有價值，但有其限度。金錢只是追求其他目的的工具。要有實質作為，才值得被認同，以及獲得自己尊敬之人的稱讚（參見〈亞里斯多德之道〉）。在哲學家的想法裡，真正重要的是遵循理性的指引，增進我們的道德特質。

不過，想要過深思沉澱的生活，我們並不需要完全斷絕與世界的聯繫（雖然有些人真的希望這麼做）。但還是要問問自己，心中對社會地位的渴求，要滿足到什麼地步才對。我們是哺乳類動物，因此也了解，高社會地位的效應能讓自己感覺良好。這個驅力也確實是我們演化出來的工具之一，但不代表我們就得一股腦地順從它。不該雙手一攤，告訴自己無法抗拒，還理直氣壯地說：「對，我們是靈長類動物，這就我們會做的事情。」

與其如此，還不如大方承認，社會地位的確會讓人感官都甦醒起來，但我們決定不跟隨它的帶領。依據心理學家保羅．吉爾伯特（Paul Gilbert）的說法：「人類對名聲、財富、性以及種種美好事物的渴望，已經存在了數百萬年之久，但要透過我們的行動才能實現。就算是不加思索在人生路上一直追逐它們，也是我們的選擇。」[68]我們可以質疑與挑戰既有的觀點，想清楚成功對我們的意義究竟為何。可以運用自己的反思能力，替自己做決定，判斷真正值得去做的事情，哪些事物能夠讓生命有最真實的意義。

生命不需要變成一場競賽，許多事物也跟競爭一樣重要。英國哲學家羅素寫

---

67 Frans de Waal, *Our Inner Ape* (Granta, 2005), p. 82.

68 Paul Gilbert, *The Compassionate Mind* (Constable, 2009), p. 166.

道：「成功只是幸福的組成要素之一，如果單單為了追求它而犧牲其他的成分，那就得不償失了。」[69]我們這麼在乎勝利，想要知道有什麼收獲。同時也該想想，那會失去什麼呢？

有兩種觀點特別有助於看清這個問題。第一，哲學家保羅．吉伯特認為，人對於成就的追求，可分成基於脅迫（threat-based）與基於價值（value-based）[70]。我們投身於某事，是因為認為它有價值，而不是考慮到自己的社會位階，想要解除內心的焦慮感。第二種觀點取自接受與承諾療法，套用心理學家羅斯．哈里斯的話：「透過我們的價值觀，成功才得以有生命。」[71]

人與人之間多少會相互較勁，這是自然且無法避免的現象。即便如此，我們還是能設法讓生命更加平衡。將注意力擺在自己滿意的事物、品味生活中的小確幸、從事樂在其中的活動，尋找非競爭的人際互動等等。我們不用將社會地位排除在美好人生的範圍之外，但應該試著為它找到更適合的位置。

69 Bertrand Russell, *The Conquest of Happiness* (Routledge, 2000), p. 39.
70 Paul Gilbert, *Compassion Focused Therapy* (Routledge, 2010), p. 113.
71 Russ Harris, *ACT Made Simple* (New Harbinger, 2009), p. 195.

第十五章　你有責任感嗎？

哲學家

說到「負責任的成年人」這個詞，就好像「富有的企業大亨」與「纖瘦的芭蕾女伶」一樣，前頭的形容詞通常都被視為理所當然。在一般環境中，身為成年人，便意味著必須對自己的行為負責任。每天我們談到、想到責任時，概念上都是清清楚楚的。若你能掌控某事的後果，眾人也有理由推測你參與其中，那你就對此事有責任。據此，不管你做了什麼、或是忘了去做，都對後果有責任。虐待幼童當然要負責，同樣地，疏於照顧也要負責。你知道剎車壞掉了，卻依舊讓他們開車上路，過失就跟你裝上壞掉的剎車一樣重大。

當然，如果再陷入哲學界棘手、爭辯不完的自由意志問題，責任的議題就更加複雜。但出乎意料地，這類形上學難題對日常生活幾乎沒有造成任何影響。不論哲學家們多麼努力地想證明，自由意志只是幻覺，但他們還是會教育孩子必須有責任感。有人疏忽端上壞掉的牛排，另一人故意在烤肉捲餅裡下毒，哲學家對這兩個人的反應也大大不同。

日常生活出現的責任難題，通常心理因素造成的，而非形上學。原則上我們都很清楚，責任有多少，取決於當事人對於後果的掌控度。但實際上，就算是掌控力一樣、後果非常類似的處境，我們所給予的讚賞或責難還是會大不相同。你不想弄濕價值兩千塊的鞋子，於是不願涉過淺淺的溪流去救一個幼童，就道德判斷來說是可責難的。如果你不願在捐錢箱中丟入一千五百塊（也許能拯救十條人命），大概不會有人認為你應該受到譴責，雖然這個舉動便宜又省事。雖然我們不敢肯定後果一定會如何，但只要有百分之五十的機率能救好幾個人，就足以要求我們去做，這種情況跟有機會救起一個人是一樣的。但比起不去救快溺水的孩童，大概不會有人覺得不願意捐錢有什麼好責怪的。

究竟是什麼因素造成兩者的差異？答案應該很簡單，就距離地點的遠近問題。行為人與後果在物質條件下有較直接的接觸，我們就會覺得責任比較大。透過一連串的實驗，就更能突顯為何我們會這樣想。試想，你願意犧牲一條人命去拯救數條人命嗎？類似的電車問題種類很多（〈第六感與直覺〉一章中提過）。設想有許多方式可以阻止失控的電車衝向人群，例如改變軌道，讓電車衝向較少的另一群人；將一個肥胖男子推落軌道阻止電車繼續前進；拉動活門控制桿，讓那男子跌落軌道擋住電車等等，類此種種。藉由功能性核磁共振的幫助，研究者發現，在不同情況下行為意願有差異，是取決於情感，而非原則。把一個人推去送死感覺就是不對，但如果只是扳動轉轍器就不會覺得有錯，即使會死掉的人更多。

這種心理差異顯然會有危險的後果。在現代戰爭中，遠端遙控就可以開戰，士兵殺人就更輕鬆了。當然，它在我們大多數人身上會產生更具體的影響。日常生活中，只要談到責任歸屬，我們似乎不是依據行為者的掌控力來讚美或責罵，反而是基於情感考慮，只考慮物質條件上的接觸，其實那根本與道德無關。因此，相對於在夜市裡跟鬼鬼祟祟的人買盜版光碟，我們會覺得在網路下載非法影片不算犯罪；在酒吧裡遇到有人為當地的白血病兒童募款，我們不應該太吝嗇，但忽視安哥拉的病童就不是什麼罪過；比起偷看伴侶的手寫日記，你會覺得閱讀對方的電子郵件不算是鬼鬼祟祟；享用便宜的炸雞塊沒什麼問題，只要別讓我看到養殖場裡的雞隻怎麼養大的，還有後面怎麼處理牠們。

我們是否能夠樂觀看待這些明顯的不一致行為與心態？雖然理性的道德哲學家說應該嚴正看待這些情況，但有時我們的確有理由不用擔心太多。我們道德感與同理心相輔相成，當然是好事，更不用說，這樣的機制讓我們在第一時間展開德道行為。一般來說，我們樂於讓感性喚起責任感，但並不代表應該讓它帶我們四處亂跑。

另一方面，我們能做的當然很有限。也許我們有責任去確認，自己所買的開發中國家商品，其生產過程是符合道德的。但不論理性上如何說服自己，但還是無法二十四小時隨時提醒自己那有多重要。

我們不可能徹底地抗拒各種非理性力量，但也沒理由不嘗試去控制它們，特別是在道德上有需要這麼做。有個簡單的經驗法則可以幫得上忙：當我們在思考應當為自己的行為負多少責任時，也要考慮一下物質條件的親近性。雖然無法面面俱到，但我們還是盡量把環境差異列入行為的評量。正如同其他的生活面向，思考責任時，哲學家與心理學家都給我們相同的建議：別相信你的感受。只要在能力的掌控範圍內，我們都有責任，不論你是否感受到它的重要性。

心理治療師

有些問題雖然司空見慣，但一直在考驗我們的智慧。當中最難答對、最不容易想清楚的，就是釐清我們對某事負有多少責任。責任感太強或太少都很常見，也是我們諮商時的核心問題。

我們都知道什麼叫作責任感太少。在現代社會裡，許多人都欠缺相關的反省能力，每當事情出錯，想都不想就打開罵人開關：都是別人的錯、是過去留下來的錯、是政府的錯、太陽底下所有事都不對。其實，在不少諮商案例中，當事人如果心裡浮現一絲責任感，就可視為整個療程的一大突破。如果人們能夠體認到自己並非被動的接受者，而是主導自己人生舞台的要角，或許就能夠採取行動改變現況。

另一方面，人們大概都以為，責任感過多問題不大吧！從前面的討論來看，責任感越多應該越開心。然而，責任感過度也是嚴重的問題。主要的症狀有：

相信自己對自己與他人的福祉有關鍵性的影響力；有事出錯，責任一定是在自己身上；壞事掉到頭上，那一定是先前的自主選擇造成的後果；事情發展不順遂，就會責怪自己為什麼當初沒有做不同的決定。試想，這樣的人生負擔多麼沉重啊！

可想而知，有事出錯就怪自己，這樣的想法也會伴隨有害身心的罪惡感，你會一直以為，不論事實如何，一定自己哪個地方做錯。當然，罪惡感有時是適當的反應。如果你的確做錯事，罪惡感能夠提醒你回到現實，最好做些什麼，找出補救辦法繼續完成。不過千萬要記住，一味地沉浸於自我厭惡感於事無補。然而，一旦養成習慣事事都有罪惡感，我們就會很難分辨，在自己的能力範圍內，應對哪些事情有罪惡感，哪些事不用。

我們實際上有能力影響的事情，才需要認為自己負有責任。當然，我說的是生活中一般的責任感，這裡不打算去探討全然不同的形上學觀點：歸根究底，沒有人要負任何責任。這類討論對我們的日常生活通常幫助不大。

我們時不時就會責任感過多，所以很難察覺。你毆打某人，就該為此負起責任，這再明顯不過，除非你嗑藥、病了、受到催眠暗示的影響或受制於類似的情況等等。你可以宣稱，對方挑釁自己才出手打人，希望藉此免受責難，但即使你有合理的理由動手打人，還是必須負起一定程度的責任。你希望與伴侶一起度過美好的假期，結果卻天天下雨，當然不是你的錯，這也再明顯不過。但只要你花力氣去想，還是能找藉口怪自己。

為何那麼難理解責任感過多的情況？因為我們都輕易認定，如果自己得為某事至少負起部分責任，那也一定該受責難。以安排假期的例子來說，你個性就是很容易責怪自己，所以一下雨，你馬上自我檢討，假期是你安排的，兩人才會在這週出遊，而不是晴朗的下一週。更嚴重的是，我猜想大多數人都會有類似的罪惡感。你鼓勵朋友搭乘火車而不要自己開車，結果火車意外撞毀，但你根本不可能預料這種事會發生。

即使我們對某事應該負些責任，也得確認程度多少才是合理的。對此，認知行為療法（Cognitive-Behavior Therapy）提供一項有用的工具：責任圓餅圖。如果你因為某件事情而感到自責，並懷疑自己攬了過多的責任，那麼你可以列出造成後果的所有環境因素與相關人士，然後畫出一個圓餅圖，依據你的判斷，依比例劃分大小不一的責任區塊。克莉絲汀・佩德斯基（Christine Padesky）建議，最後再畫上屬於自己的那個區塊，才不會一下子就想要分太多責任給自己[72]。這樣做的目的不是要算得多精確。畢竟，導致事件結果的互動因素很複雜，我們無法一一拆解。這個練習的主要目的是要讓我們了解，造成結果的因素很多，但得試著找出主要成因。

責任歸屬過多或過少的矛盾，也會呈現在我們與他人交往的關係中。人的樣貌多少都受到環境影響，當然應該納入考量，諸如「她有個辛苦的人生」、「他是那樣養大的」等等。時時考量這些事，會使我們對他人比較有同情心。但人際關係是一個系統，任何行為都會影響它發展的方式。不管發生什麼事都原諒別人，你就是在創造一個不利的人際關係，間接鼓勵他人不用負責任。或許對方真的有段辛苦的成長過程，但不代表她永遠都有理由不做任何努力。最不幸的人際關係組合，就是其中一方習慣攬下太多責任，而另一方卻剛好相反。

我們都應該要他人負起應當的責任，除非我們有好理由原諒他，例如有人會突然有戀童癖衝動，實際上是腦部腫瘤造成的。我們也必須要求自己對人生的主要發展負起責任，試著避免遠大不切實際的幻想，也盡可能不要把自己當成無助的受害者。我們應該適當地從他人的角度去看自己的行為，致力在各個方面都能夠公平地衡量責任歸屬。

每件事都有自己的脈絡，這個想法很容易變成行為或原諒的理由。但是，這類判斷很重要。我們得小心，別讓「情有可原」變成「無罪開脫」。

---

72 Dennis Greenberger and Christine Padesky, *Mind over Mood* (Guilford Press, 1995).

第十六章　快樂的悲觀主義者

心理治療師

古羅馬哲學家塞內卡對世人最迫切的建言，就是希望人們養成習慣，常常想像最惡劣的情況會發生，而且迫在眉睫：「一個小時內，或者是更短的時間，整個帝國就有可能滅亡……因此，我們得去設想各種可能的情況，強化心靈，讓自己有力量去可以想見的未來。必須在心中不斷演練：流亡、受虐、戰爭與船難。」[73]簡而言之：「我們永遠不會知道死亡躲在哪裡。為了你好，你應該預期死

73 Seneca, letter xci, *Letters from a Stoic* (Penguin, 2004), p. 179.

亡隨時會到來。」[74]

不知道自我成長暢銷書《祕密》的作者朗達．拜恩會有什麼看法。她的觀點極為不同，她的理論奠基於人們所熟知的「吸引力法則」，這股力量似乎是從另一個平行宇宙散發出來的。拜恩的基本觀念是，相似的事物會相互吸引，如果你相信成功與財富諸如此類會落在你身上，那就真的會發生。這堪稱最為極致的正面思考。抱持著正面的想法，行為舉止就比較能產生正面的後果，這聽起來多少還有點道理。不過，拜恩的想法不僅於此，她認為正面思考本身就會吸引來正面的結果，宛如魔法一樣。

如果你願意全心接受這種想法，那的確會讓你感到安心。但塞內卡提出的建議同樣有奇特的療癒效果。這兩種想法散見於各種自我成長書籍，但不可能同時成立。那麼，我們應該採用何者來作為人生指導原則？選擇不同，面對日常生活的心態也會大不相同。

在正向心理學的脈絡下，樂觀主義比較有道理，要大為推廣。他們認為，樂觀的人健康得多了，壽命也都比較長。與悲觀者相比，樂觀的人各方面表現都比較好。然而，這些結論並非完全沒有爭議[75]。

另一方面，有些研究報告指出，輕微憂鬱的人往往對現實的理解較為正確。許多人以為，負面評價就好像一層薄霧，讓人無法清晰思考，但事實遠非如此。沒有一絲悲觀的思考方式，反而像是自我欺騙的迷霧，躲在裡面，我們就能迴避不想看的事物。清楚地掌握事物全貌，才真的有助於我們採取最適當的行動。戴上粉紅色的眼鏡，一味保持樂觀，膚淺又不切實際，最終還會害到自己。

雖然閉上眼許願不好，但我們還是有許多疑問。預測可能出錯的情況、提前做好準備，真的有好處嗎？《防禦性悲觀主義》（*Defensive Pessimism*）的作者茱莉・諾倫（Julie Norem）認為，常對未來感到焦慮的人，提前煩惱的確是有益的策略。當然這不是說只是一味擔心，什麼事也不要做。相反地，應該仔細想好會發生的情況，預先做好應變計畫。

強調黑暗面的這個陣營，不只有鄉村歌手漢克・威廉斯（Hank Williams）。他這麼唱著：「不論再怎麼拚命掙扎，永遠無法活著離開這個世界。」當然還有

74 Seneca, letter xxvi, *Letters from a Stoic* (Penguin, 2004), p. 71.
75 參見Barbara Ehrenreich, *Smile or Die* (Granta, 2009).

佛陀以及那著名的第一聖諦：人生是苦。我們根本就逃不掉，狗屁倒灶的事就是會發生、心愛的人事物終究會失去，痛苦的事情永遠會如影隨形。人生再怎麼美妙，最終還是無法逃避老死，生命的喜悅也跟著終止。

這樣還要煩惱樂觀主義的問題嗎？那多少就看我們如何界定樂觀。即便是正向心理學的文獻，也會跳出各種不同的理解。有時，樂觀並非等同於對未來有正面的信念，而是相信自己有復元能力，在遭遇挫折之後，能夠調整自己並恢復活力。這的確是值得我們去追求的特質。

最理想的狀況保持心態平衡，你知道壞事總會發生，但要能評估問題、找到恢復能力。這些特質能夠幫助我們去善用各種處境，並在出錯後還能重新振作起來。如果再加一絲絲悲觀，就能評估得更深入。因此，我們可以隨著記著斯多葛的小語：生命是相當脆弱的，同時也接受正向心理學的核心觀念：時時感恩、培養修復力。

《活出意義來》一書的作者維克多．法蘭可提了一個很好的辦法，稱之為「悲劇性的樂觀主義」（tragic optimism）。意思是，在面對「悲劇三角形」（痛苦、罪惡感與死亡）時，有能力創造最好的處境。法蘭可相信，不管世事怎麼變化，我們還是能熱情擁抱生命，只要做到以下三點。第一，將痛苦變成更高的目標與人類的成就；第二，從罪惡感中探索讓自己變得更好的可能性；第三，體會人生短暫，找出動力去做自己能負責的行為[76]。

放寬自己對於未來的想法，也會有幫助。塞翁失馬、焉知非福，我們永遠無法肯定結果會如何。反正未來沒一件事肯定的，所以就沒理由堅信事事會變美好，但同樣也沒理由判定結果一定會很糟。

我們沒有理由不去當個快樂的悲觀主義者，也不應該對未來做什麼絕對的判斷。人生苦短，試著理解整個生命，珍惜它帶來的一切。總之，與其期待雞籠裡會有多少隻雞孵出來，還不如算一算自己得到多少好運了。

哲學家

在藝術與思想的領域中，能受尊崇為時代先知的大師，其創作的主題通常都

76 Viktor Frankl, *Man's Search for Meaning* (Rider, 2004), pp. 139-40.

是衰敗、災難或心靈中的黑暗面，諸如齊克果的《恐懼與顫慄》、沙特的小說《嘔吐》、康拉德的《黑暗之心》等等。如果你告訴大家，世界其實並沒有那樣糟，講一些老掉牙的論調，就不會有人誇你很有深度。

轉到政治界來看，我們崇拜的英雄總是在強調黎明到來，而不是日暮西山。先不管結果有沒有用，歐巴馬總是盡情地談論各種希望。金恩博士懷抱的是夢想，而不是惡夢。

這也許是知識勞動分工造成的自然結果。知識分子想誠實且有洞見地觀察人類處境，就得看透所有腐敗之處。相對之下，優秀的領導者則應該有正面的視野，想想看如何改變現況。在理想狀態下，這兩種考量應該共存於我們的腦海中。醫生再怎麼鐵口直斷，也要搭配有效的處方，不然病也不會好。領導者只會激勵人心，卻不看那些令人難受的事實，也是空口說白話。

然而，知識分子的災難預言最大問題在於，他們的悲觀心態是無差別的。麥特・里德利（Matt Ridley）在《世界，沒你想的那麼糟》（*The Rational Optimist*）書中指出，一直以來，悲觀主義者給的可怕預言，實現機率實在不怎麼高[77]。我們都覺得討論黑暗面的人比較有深度，但他們跟過度的樂觀主義者一樣不理性。我們常常讚美有人可以在黑暗中洞悉一切，但其實他只是不願意或沒有能力把電燈打開而已。

如果真的打開燈，情況又會如何？我們也都常說，客觀理性不是樂觀也不是悲觀，而是現實主義。問題不是玻璃杯到底是半滿還是半空，而是到底裝了什麼液體、分量多少？這種說法當然行不通。你的觀點當中如果沒有任何價值取向，那就不叫觀點，頂多只是一分清單或地圖。如果想要理解這個世界，除了收集事實，還要去評價它們的重要性。掌握事實是一回事，怎麼理解它又是另一回事，在這過程中，就有可能出現光明的心態，或是覺得未來沒有希望。

就我來看，最明顯的例子，莫過於法國存在主義與對手英國蒙提．派森搞笑團（Monty Python）的差異。沙特、卡繆與派森搞笑團基本上都在強調生命的荒謬與無意義。差別在於，沙特的回應帶著苦惱、放棄與絕望，而派森搞笑團則是笑罵以對。許多人都提過，喜劇與悲劇之間的差異經常只是觀點不同而已：只要時間或距離夠遠，悲慘的事情就會有滑稽荒謬的感覺。在電影《萬世魔星》

77 Matt Ridley, *The Rational Optimist* (Fourth Estate, 2010).

（*Life of Brain*）中，派森搞笑團改編名曲《永遠看向生命中的光明面》（Always Look on the Bright Side of Life）的橋段，最能夠展現出這兩種心態的差異。一群受迫害者被釘上十字架後，在臨死之際高聲唱著：「回頭一看，生命就像是一坨屎。」單看歌詞，你可以想像到他們的悲傷絕望。但電影中卻搭配輕快的節奏與旋律，氣氛瞬間變得好笑。

當然不是說事實不重要。只是要強調，不管用正面或負面角度看它，都是合適的回應。硬桿的務實主義所扮演的角色，在於確保我們的回應是針對事物的真實樣貌，而不是感知到的樣子。死前吹著口哨適合嗎？那取決於你的觀點。但是，誤以為自己不會死而快樂地唱歌，或是病情還不到末期卻感到萬念俱灰，那就大錯大錯了。因此，雖然事實不必然會決定我們回應方式，但它還是會劃出範圍，告訴我們怎樣的回應才是適當的。今天要戴玫瑰鏡片眼鏡還是太陽眼鏡，完全取決於室外光線。

說了這麼多，我還是不太確定，清楚區分樂觀主義與悲觀主義是否必要。想判斷當前形勢好壞，當然要靠務實的態度。想要評估未來的發展，也得有同樣的心態。即使我區分了沙特與派森搞笑團的差異，但他們只有心態不同，與事實判斷一點關係也沒有。一般常見的半滿與半空玻璃杯比喻，其實有誤導之嫌。當然，用什麼方式描繪事物很重要，正面或負面的字眼都會渲染我們的感知內容，甚至扭曲對現實的認知。不過，真正重要的是，掉到頭上的事情，不管大小好壞、也不管你要怎麼描述它，你只能選擇改善情況，或把它搞爛。與其認為半滿的杯水不值得喝，還不如發現半空水杯的水剛好可以解渴。同樣地，試圖欺騙自己說，眼前得處理的事情比實際情況還理想，一點幫助也沒有，還不如想一想怎麼把不完美的事物變好。為了要做出正確的選擇，不僅要找出發展機會，也要找出潛在的威脅與侷限。

從這個角度來看，樂觀主義與悲觀主義似乎派不上用場。若要掌握事物的真實面貌，我們需要現實主義。接著，選擇行動方案時，正面心態會有所助益。但這並不代表我們應該相信事事順利，那就是樂觀主義者對未來的看法。

到底要用樂觀或悲觀的眼光看事情？最大問題也許是——根本就沒有通用的方針可以決定哪個好。你問我到底是個樂觀還是悲觀的人，我實在說不上來。一方面，我認為世界上有數不清毫無道理的苦難，讓人無法忍受，太多悲慘的生命永遠無法獲得解救。我也相信，現在享受的滿足與好運終將過去，可能我還沒死，許多我珍視的人事物都會遭逢苦難或離我而去。但另一方面，我覺得自己是個蠻快樂的人，也感受到世界上存在許多美好事物。隨著年齡增長，在為數不多的人身上、在微不足道的日常事物中，我越能發現快樂，例如自家烘焙的幾塊麵包或是在花園中見到知更鳥正在餵養雛鳥。外在世界令人驚喜也可能令人恐懼，全取決於你的視角，我就不會一直採用同樣的觀點。或許，我們不應將現實主義視為單一、中立的觀點，而是一種能力，讓人們能夠採取多元性的觀點，各方考量，不逃避能指出錯誤的建議，也時時想起美好的事物。我們要同時成為悲觀主義者與樂觀主義者，而不是只選一種角度。

第十七章　後悔沒有用？

哲學家

一談到後悔，大多數的人都會想起法蘭克・辛納屈唱得真好：「有點悔意也沒關係，只要少到自己都不知道就好。」不過，比起悔意太少，後悔太多才是大問題。

不過，我們對此好像有雙重標準。觀察公眾人物時，最容易讓人氣憤的莫過於他們完全欠缺悔意。諾曼・拉蒙特（Norman Lamont）在政治生涯中最嚴重的失態，就是擔任財政大臣說過：「我一點都不感到後悔。」三個星期以後，他就被撤換掉了。首相東尼・布萊爾退位之後，許多人都期待他會表達一些懊悔自責，因為是他將英國軍隊派往伊拉克作戰。錯失一次表態的機會，就會引來更多嚴厲的批評。

要求他人有悔意，但卻不願意對自己言行感到後悔。為何會有這種差別？答案可能在於，我們將錯誤分成兩種：思慮上以及道德上的錯誤。買錯了食物攪拌機、錯失了一生僅有一次的機會，都是思慮不周，顯示判斷力有缺陷，但並不代表道德有瑕疵。

相對於此，如果你無法遵守承諾、背叛了他人對你的信任，通常就意味你在道德上是有問題的，清楚地證明你沒做正確的事。要對這類錯誤感到後悔，就得回頭檢討自己的行為，並且承認，如果自己更有道德感，就不會犯這樣的錯。這不過就是道德良知要我們做的事情。

然而我們往往便宜行事，傾向將他人的錯誤判定是道德上的，而將自己的錯誤視為只是思慮不周。如果你沒有遵守諾言，就是無賴一個；如果我沒有遵守諾言，大概是忘記了，或是發生其他無法抗拒的情況。你背叛了伴侶，你是個卑鄙的混蛋；但我外遇只是自然的反應，家人對我冷淡、跟同事擦出不可收拾的火花等等。他人應該承認自己的道德缺失，這種要求也沒錯，但卻沒辦法同樣在道德上要求自己。

但是，我們究竟為什麼老是要執著過去發生的事情？過去就過去了，所以我們才說覆水難收。擔心已經無法改變的事實沒什麼用。不過這麼說都太簡單了。首先，在大多數的情況中，只要你感到後悔，就會想要改變（也應該這麼做）。最明顯的例子是，許多錯誤是可以補救的，或至少善後一下，讓情況不至於一團亂。表現悔意就是最重要的第一步。你傷害了友情，若想彌補，通常你得先為自己的行為表達深深的懊悔。

悔意激起的改變，不只把事情導回正軌。它能讓我們去思考未來該怎麼做，避免同樣的錯誤一犯再犯。人們常常在評論政治或歷史時引用美國哲學家喬治・桑塔亞那（George Santayana）的名言：「不記得過去犯下的錯誤，注定重蹈覆轍。」但我覺得應用在人身上更為貼切。

還有一個理由可以說明，雖然無法改變過去，但還是應該感到後悔。你無法改變已發生的事情，事實是沒錯，但並不代表你沒有任何責任。例如，我們最常嚴正要求他人負起責任的，都是無法挽回的錯誤，例如毀壞重要的藝術品、文化遺跡以及他人的生命等等。要有道德感，責任感是關鍵。若欠缺責任感，我們就會不在乎自己的錯誤、粗心、麻木、自私與冷漠造成的負面後果。如果你希望對自己的行為負起責任，不論結果是否能補救，你都要勇於承擔。想成為合格的道德生物，對於你無法改變的錯誤，就得帶著歉意活著，這是你應該付出的代價。如果只對自己能補救的錯誤有責任感，這在現實上不可行，更會嚴重削弱責任感一詞的意義。

當然，我的意思不是說所有的悔意都是好的，它可能讓情況變好、也可能更壞。在最好的情況中，悔意能督促人做出補救措施、改善個性甚至深化人生智慧。但在最差的狀況下，悔意會讓人無盡沉湎於痛苦的思緒，既不能做出補救，更無法讓自己變好。

悔意也能反映出自己欠缺足夠的能力去面對自己與生命的不完美。我們常常自責，當時應該能做出更好的決定。但想了解為何會犯錯，不只是事後諸葛那麼簡單。所有的決定都是基於有限的資訊，不知道接下來會發生什麼事，只是資訊欠缺的一小部分問題。問題的關鍵不在於在什麼樣的時間點做出決定，而是究竟有多少時間做決定。我們不可能有充足的時間徹底想出每個選項的後續效應，蒐羅相關事實，甚至做研究，找出哪些事實最重要。因此，一到做決定的時刻，無可避免地，只能依據有限的資訊，當中哪些重要、哪些可以忽略，甚至都還來不及權衡輕重。但是，太努力想克服這個問題，要找出最多的相關資訊，不斷地思考判斷優缺點，就會變得像強迫行為一樣執著，讓自己沒辦法繼續前進、好好過活。因此，我們做過的決定幾乎都不是最佳選項，如果你想得夠仔細——但或許是想過頭了。悔意若是基於這種完美主義式的回顧，那就沒什麼意義了。太想要從過去的選擇中挑出什麼人生智慧，最終也只是自曝其短。

所以，懊悔太多當然是個大問題，我們還會有太多錯誤的後悔。我們還應該質疑那些說自己不感到後悔的人，即便那個人就是你自己。如果說沒有什麼事情好後悔的，或許是因為根本不願意承認自己的錯誤。

就算無法消除內心的懊悔，至少我們還有理由勇於接受它們。在科幻大師雷·布萊柏利（Ray Bradbury）的短篇小說〈雷霆萬鈞〉（A Sound of Thunder）中，一位時間旅人踩死了一隻蝴蝶，最終造成人類歷史整個改寫[78]。每個人小小的生活也顯然也能觸發小事件：錯過公車卻帶來意外的浪漫邂逅；求職信函剛好在午餐前送到面試者的桌上，她肚子餓了所以抱怨連連，但如果提早一個小時送

78 Ray Bradbury, *Golden Apples of the Sun* (Doubleday, 1953).

到，她就還處在上午享用咖啡的愉悅之中。因此，對自己做過的事感到後悔，就也該接受，過去任何一點小改變都可能會影響生命的發展方向。想要熱情擁抱當下擁有的一切，就必須去接受自己在過去做過的一切。

心理治療師

最近在一個偶然的機會下看到這句話：如果你要跟事實爭辯，百分之百是在白費力氣。我覺得相當貼切。然而，對抗強烈的悔意是有幫助的，特別是那些會會侵蝕你氣力的。

悔意的確會讓人耗盡心神。針對自己在過去曾經犯下的過錯，我們的心智會孜孜不倦地虛構出催眠般的故事情節，讓這些故事佔滿自己的內心世界，還會創造完美無缺的選項，認為是自己過去忽略它們。我們會在腦海中不斷重溫發生過的事件，以為在過去的某個時間點、在另一個平行宇宙，自己能做出不一樣的決定，產生不同的結果。類似的心智陰謀能持續好幾個月、甚至數年之久，避免讓自己去注意周遭的世界，持續地跟自己說，但願當時能做出不一樣的決定……

後悔是人類自然會有的感覺，伴隨著想像與評價不同的情景，認為自己應該為錯誤的選擇負責。要放下自以為發生過的事情，非常不容易。我們都很清楚，沉浸在悔意中毫無幫助，再怎麼執著都無法改變過去，只會讓自己的腦袋裡充斥著「如果那樣做的話……現在就可以享受當下的一切」。儘管身邊親友常常會這樣安慰你：「過去的都已經過去了」、「一切都已經結束了」、「本來就注定是那樣」，這些話大多不太安慰人。

後悔的程度也不同。短期的包含買了錯誤的吹風機或者選錯了渡假時機。貝瑞・史瓦茲（Barry Schwartz）的《只想買條牛仔褲：選擇的弔詭》（*The Paradox of Choice*）一書提到，這種悔意最常滋生的環境，就是當中有源源不絕的選項朝自己而來。我們很容易不滿意自己的選擇，就算事實上沒什麼大問題，我們還是會忍不住去想像另一種選擇會更好。選項更多，就越容易對自己的決定感到後悔。史瓦茲認為，唯一的解藥就是選擇「夠好」而不是「完美」的選項，並且對於我們現有的一切培養出感恩之心。

我們做出的各項選擇，或許在事實上並非最理想的。但究竟誰規定我們必須所有時刻都要做出最完美的選擇？完美選擇的重要性何在？（當然，一定會有些無法預見的情況，造成關鍵性的正面或負面影響。但我們無法把不可預知的因素納入考量。）捫心自問，我們是否想要將這樣的悔意帶進墳墓？當下否定或許無法立刻消除懊悔的感覺，但至少提醒自己，時間會帶走一切，都會過去的。

接下來看看較為嚴重的悔意，那些的確會帶進墳墓的負面感受。例子很多，做過的、沒做過的都有，選擇了錯誤的伴侶、踏進錯誤的行業、卑鄙地對待朋友、沒用足夠的時間陪伴家人、沒有嘗試冒險、沒有生小孩、沒有環遊世界、沒有發展自己的天賦等等。

我們很難不理甩掉這些感覺。當然，完全不在意的話也是有問題。傷害了他人，犯了嚴重的錯誤，的確應該深深懊悔，最好時不時能深刻反省重大的人生選擇。如果生活態度強硬又毫無悔意，會讓人在不知不覺中變得不願意為自己的行為負責，或是無法從錯誤中記取教訓。

我們可以從悔意中獲得有建設性的想法，作為自我檢視的起始點。我們可以問問自己，悔意當中是否有我們重視的價值，是否能因此調整自己的行為。覺得自己應該花更多的時間去旅行或陪伴家人，是否還來得及做？如果曾經傷害某人，如何能彌補？

另外，我們也應該思考一下什麼樣的條件導致某項選擇。我們往往會怪罪自己說：「當初應該要考慮到這個或那個……。」但這種想法會是對的嗎？過去某個時刻的自己真的有辦法了解更多相關要素嗎？是否有將當時的背景因素納入考量？如果自認當時真的知道怎樣做出較佳選擇，那什麼因素導致你沒想到？無論如何，從後悔中學習，就能幫助自己在未來做出更為明智的選擇。

不要忘了，在許多情況中，我們的選擇會帶來收獲，同樣也會造成損失。我們比較會把注意力集中在自己做過的有益決定。但這樣做必須小心，人類總是偏心，會找理由去支持自己的各種決定，最後變成自我欺騙。當過去的決定的確造成損失時，不應該試圖說服自己沒事。只有當我們清楚認知到得失，才有辦法去採取適當的修正行為。

舉例來說，搬離鍾愛的那棟公寓後，好幾個月的時間我都讓自己陷入懊悔情緒中。深切反省後，我理解到自己犯下的錯誤之一，就是不斷地尋找好理由去支持賣掉公寓的決定，藉此壓制心中難以平息的不舒服感受。意思不是說，心中難以理解的直覺永遠應該勝過其他理由，但在做出決定之前，至少看一下它們想說什麼。事情發生之後，也不應該覺得當中有股不可抗拒的強大力量，我完全無力去改變些什麼。這幾點在未來做決定時能派上用場。

然而，要更有效地對抗悔意，就是提醒自己，我們永遠不知道，如果當初採取另一個決定，結果會是如何，也難以確定當初的選擇其實是錯的。如同米蘭・昆德拉在名著《生命中不能承受之輕》提醒我們的：「人生只有這麼一回，無法拿來跟前世比較，也不能等到來世再去改善它。」[79]悔意只是對某些時間點的印象與感覺。從現在回頭看，我們似乎可以明確肯定當時一定做錯選擇，但我們看事情的角度未來也可能大不相同。挫折可能會帶來新機會，成就也許會變成未來的煩惱。

有個中國故事把這個道理描繪得很生動：

在一個貧窮的鄉下小村莊裡住著一位老農夫，村民都認為他很富裕，因為他有一匹馬。某天，那隻馬跑掉了。鄰居們跑來慰問，紛紛說著這實在太糟糕了，但老農夫只是回應道：『或許吧。』過了幾天，那匹馬自己跑回來了，而且還帶回來好幾匹野馬。鄰居都感到歡欣，但老農夫只是回應道：『或許吧。』隔天，老農夫的兒子試著騎上其中一匹野馬，卻摔了下來而折斷了一條腿。當鄰居前來表達關心之意，老農夫再次簡單地回應道：『或許吧。』隔了一個星期，村子裡來了幾位軍官，要徵招年輕人去從軍，但老農夫的兒子卻因為斷了一條腿所以免受徵招。鄰居們又上門來恭賀，老農夫依舊回應道：『或許吧……』」

我們永遠無法完全消除悔意：它來自於人類的天生本性。任何時候，如果發現自己正在想著「如果當初做了不同決定的話，結果會是如何」，你可以回想一下老農夫所說的「或許吧」。

79 Milan Kundera, *The Unbearable Lightness of Being* (Faber and Faber, 1984), p. 8.

第十八章　人生意義與靈性追尋

心理治療師

追尋人生意義的路程有時十分迂迴。生命的某些時刻，我們會經驗到某種空虛感，一種內在的缺乏感，好像有什麼神祕重要的成分從自己的生命無端消失了。當你發現自己正在想著（或聽到他人說）自己的生命失去了意義，或許還知道是什麼意思，但如果試著探究真正意涵，人生意義就會像一抹輕煙般消散無蹤，你只好繼續困惑著要如何將它找回來。通往意義的路有時會突然消失，就如同意義的定義一樣。

有時我們會將這類經驗理解為精神上的渴望，還會連結到自己心中攞盪的宗教信念，帶領我們前往教堂或靈修所，尋求上帝的幫助，或與某些超驗的存在產生連結。有時它們所給的正好是人們正在找尋的，因而感到人生有新目標，支持人們繼續前進。

雖然精神上的渴望是人類常有的習性，但是宗教情懷是可以跟宗教信念分開的。我們許多人也許多年沒有信仰，但依舊會渴望獲得某種形式的靈性成長。這時，我們是否被迫只剩下兩種選擇：繼續信仰宗教，即你已經無法接受其教條；完全忽視心靈空虛，即使它是這麼接近你存在的核心？

隨著身處的時空環境變遷，靈性的含意也會巧妙地重新定義，以符合我們的目的。有段時期，我發現許多三溫暖與美容沙龍都喜歡使用禪作為店名，甚至在精緻的文宣中還會印上佛像。在從前，「追求靈性」意味著必須在凌晨三點就開始一天的生活、克制欲望以及折磨肉體等等。到了今天，靈性似乎與快樂主義不知不覺間越走越近。既然我們都是血肉之軀，那就不適合再那麼嚴格區分物質與精神。不過兩者混在一起終究行不通，可能會奪走精神面的獨特之處，進而將它簡化成感覺良好的經驗。

我們必須去接受一件事，無論自己的精神渴求多麼強烈，當中有些就是得不到。全心全意地去追尋神靈、永恆生命或梵天，不一定能找的到。我們渴望自己的生命能夠超越單純的物質層次，還有許多方式可以回應。

有些時候，人生意義會連結上較為廣泛的超越（transcendence）概念，而不僅只是靈性。心理學家馬丁・塞利格曼便將人生意義定義為「使自己歸屬並且服侍於某個你所相信高於你自己的存在物」[80]。儘管這項定義帶有宗教性色彩，但卻清楚地將政治關懷或人道志業皆包含在內，不亞於參與宗教修行。然而還是有許多人不覺得自己跟那些更大、宗教性的或其他類似存在有什麼連結。難道這些人就必須接受自己的生命是無意義的？

在尋找人生意義的過程中，若靈性與超越是絕對必要的條件，那麼傾向自然主義的人就注定要過無意義的人生。然而，人生意義其實可以（事實上也正是）來自於我們的周遭世界，甚至常常小到被我們忽視。另一方面，我們也不應該太快認為超越是不重要的：它能夠成為一種象徵，充分幫助我們去創造人生意義。

精神病學家維克多・法蘭可，同時也是納粹集中營的生還者，他寫下了《活出意義來》，並且也是「意義治療法」的創始者，或稱為「意義中心療法」

80 Martin Seligman, *Flourish* (Nicholas Brealey, 2011), p. 12.

（meaning-centered therapy）。在著作裡，法蘭可談到我們天生的意義傾向，並認為，存在的虛無（existential vacuum）有時會將我們整個吞沒。但我們無法藉由審視內心而克服這種空虛感，因為只是狹隘地關心自己的心理狀態，無法造就有意義的人生。當我們接觸自身以外的事物時，比較容易發現自己的生命意義。雖然法蘭可本人是位虔誠的信徒，但他所提的方法不需要涉及靈性的領域，或其他高於自我的存在。他只要求我們將注意力投注在自身以外的事物。我想，這或許是追尋人生意義的最有效方式。

依據法蘭可的說法，我們可以透過以下三種方式讓生命變得較有意義：第一，透過我們的創造力奉獻給世界；第二，透過我們的經驗從外在世界獲取意義；第三，透過自己對世界採取的心態，也就是面對苦難的態度[81]。

最後一項或許是最困難的。但依據法蘭可的說法，即便我們面對毫無希望的處境，還是有可能找到意義。不論環境限制有多大，我們總是還有最後一項自由，也就是能選擇如何去回應。在奧斯威辛集中營，法蘭可有很好的機會去實踐這門課。當然，他並不認為一定在苦痛中才能尋得人生意義，如果有機會去改善生活處境，還是應該過好一點。

所以，我們可以透過以下三樣找到人生意義：創造（creation），參與計畫、創作或完成任務[82]；經驗（experience），接觸各式各樣的人事物，諸如大自然、藝術或是對他人付出關愛等等；態度（attitude）：面對不同事物或處境，要選擇如何回應。這些方法採用一項或任意組合，都能夠把意義喚回自己的生命中。

哲學家

「喪失人生意義」應該可稱得上是哲學家的職業傷害。十九世紀晚期的德國就出現一次。尼采寫了許多文章談論虛無主義，讓我們正視到，過去許多宗教主張與客觀真理，竟然都可證明是錯誤的。一九三六年的英國又出現一次，阿爾弗雷德．艾耶爾（A. J. Ayer）撰寫了《語言、真理與邏輯》，宣示了邏輯實證論

81 Viktor Frankl, *Psychotherapy and Existentialism* (Washington Square Press, 1985), p. 37.

82 Viktor Frankl, *Man's Search for Meaning* (Rider, 2004), p. 115.

（Logical Positivism）的到來。他相信，各種有關生命意義的陳述就文字上來看都是無意義的。另外，在一九四〇年代的法國，存在主義者沙特與卡繆都如此宣告，生命沒有預先存在什麼目的。

不過，哲學家並未完全否認人生意義，反而是賦予嶄新定義。意義並不是像存在於世界中的一般事實，等著人們去發現。我們生下來沒帶著什麼目的，但不代表我們不能為某個目的而活著。生命本身沒什麼意義，但只要我們放進一些元素，就能加入意義。但不是盲目地為過去的作為與未來目的尋找理由，而是找到有意義的生活方式，當中有許多有意義的事物。有意義的人生，就是值得活下去的人生，其中，任何存在物的價值不在於它領我們走向何處，而在於它本身是什麼。

但我們這類價值的源頭要從哪找？許多哲學家認為我們得回頭看看自己。艾耶爾就寫道：「有許多方式可以讓人的生命本身產生獨有的意義。」[83]任何我們認為值得去做的事情，都可能成為意義的來源，例如養育兒女或蒐集郵票等等。同樣地，尼采、沙特與卡繆等人也都明白地表示，生命的意義與道德感都是來自我們內在。

這些哲學家的講法不無道理，但或許太強調從個人自由去創造意義。在尋求意義的過程中，除了關注自身之外，同時也應該留意自己對人類的普遍特質知道多少。即便最終我們還是得選擇自己的意義，但只要看看哪些較為符合人類天性良善的部分，就能確保我們有一組比較健全的選項。

生命的意義是否只是找尋其中有價值的事物？思考這個問題時，我們很容易帶著失望心情跟自己說：這就是我要找的？某些方面來說，那就像當頭棒喝一樣。事實上，許多人在自己的生命中找不到這類價值，即便知道該怎麼找，但最終就是得不到。於是，許多人帶著深深的遺憾離開世間，除了這有限的生命，世上什麼都有沒有，當然也沒有救贖。非宗教界的人文主義者往往忽視這種想法的黯淡之處，或是降低其重要性，急切地想展現出沒有上帝的生命也能快樂又有趣。

或許這正是為什麼許多人會認為一般人生意義是不夠的。他們感受到當

83 A. J. Ayer, 'The Meaning of Life', in *Life and Death*, eds Carl Levenson and Jonathan Westphal (Hacket, 1944), p. 117.

代哲學家約翰・卡丁漢（John Cottingham）所謂的「超越的需求」（a need for transcendence）：除了這個既有的物質世界，人們想與更高的存在有連結，但只有宗教才能夠滿足[84]。只在這有限的生命中尋找意義，當然找得到，問題是根本不夠。

我們都渴望「得到更多」，卡丁漢這一點觀察沒錯。我有個簡短的回應：你當然可以盡情渴求更多的意義，但你要找的不在哪裡。然而這股渴望不會消失。我已經不記得聽過多少人跟我說：「我不是信徒，但我重視靈性生活。」今天已經沒有幾個英國人是傳統意義底下的信徒，大概只剩下百分之十還有每週上教堂的習慣。儘管如此，絕大多數的英國人仍能感受到生命中有一些是屬於靈性的領域，也不會放棄這些念頭。

靈性對於一個豐富而圓滿的人生來說是必要，這種想法甚至有準官方機構的背書。校方在辦學宗旨中承諾家長，他們會看顧學童的「靈性福祉與成長」（spiritaul welfare and growth）。美國軍方也將靈性健康（spiritual fitness）放入全方位士兵健康計畫（Comprehensive Soldier Fitness Program）的評估項目之一。許多作家在著作中也都暢談靈性智慧的重要性。

然而，靈性依舊是個難以掌握的概念（slippery concept）。最它最基本的意義來看，單純就是指異於「物質」的事物。但這項區分有兩種相當不同的詮釋方式。第一種強調精神與物質的二元論。除了物理學上最基本的分子與作用力之外，這世上還有其他的事物在運作。在物理學能描述的所有現實面向之外，我們還有精神、靈魂等等存在。二元論本身有更多細節可以談，但那不是目前的重點。大多數的哲學家與科學家都已經把它當成歷史了。即便在神學中，二元論也不是什麼普遍接受的觀點。耶穌從肉體上的復活，並非只是一個無關緊要的故事細節，而是提供了永恆生命的思想基礎，早期天主教神父也都深信不已。獨立於肉體、非物質的靈魂反而是晚期希臘人發展的概念[85]。

除了用物品來對比靈性，我們可以透過價值來思考它是什麼。人類有各種身體需求，如食物、遮蔽處與健康等等，還有物質欲望，如財富、各類物品等等。如果你的生命只繞這些事物跑，那也是很貧瘠。我們還需要道德理念讓自己不會

84 John Cottingham, 'The Fine, The Good, and the Meaningful', *The Philosophers' Magazine*, Issue 45, 2ed Quarter 2009, pp. 31-9. 亦可參見*Why Believe?* (Continuum, 2009).

85 參見Julian Baggini, *The Ego Trick*, Character 4 (Granta, 2011).

無所適從，也需要某些東西提升自己的精神層面，例如美、愛情、奇蹟與敬畏等等。這些事情無法透過科學、物質主義對世界的描述去掌握。我們得把它們放在不同範疇下考量。

但以上就是我們要找的靈性嗎？我不這麼認為。這樣的連結會使人們太容易掉入二元論思考方式，把自己的靈性生活當作證據，證明在物質世界之外還有其它的事物存在。再者，靈性與宗教領域的關係密切，代表人們比較容易把信仰視為精神需求的主要來源，看不到其他領域也有發展機會。

靈性追求太容易掉入宗教領域，原因也許是，有一些事物是用世俗概念無法掌握或表達的？也就是說，最主要的問題不在於物質或價值，而是那些未知、難以形容、神祕的事物。當然每個人都同意，的確有許多東西超出我們的知識範圍，甚至是我們永遠也無法體驗到的。所以，每當有人指責無神論的理性主義者「無法對未知事物敞開心胸」，他們就會惱怒。雖然他們跟宗教人士一樣，都承認人類的知識範圍有限，即使如此，至少他們沒有在科學與理性之外的空白處塞入神明。另一方面，無神論的物質主義者對未知的事物倒是蠻敞開心胸，在我看來，這意味著，喜好靈性追求的人會想要與它們有長期的連結。不應該把宇宙中的神祕事物丟在一邊，或是當作有待解決的科學難題。相反地，意識到神祕事物存在反而可以讓生命有顯著不同的體會。

但是，為什麼要讓未知事物佔據生命中的核心位置？可能的原因是，我們渴望感受到自己是屬於比自己更大、更重要的存在物的一部分。在這層意義底下，去探索宇宙中無限的神祕事物，可以視為解決存在問題的麻醉藥，可以讓我們感覺到自己在某個巨大的計畫中有一席之地，儘管有太多明顯的證據指出事實並非如此。較為寬容的理解是，靈性生活可以讓我們變得更加謙遜，更為意識到生命本質的無常。我懷疑這兩種解釋是否真能成立，就算是，大多也都取決於個人的選擇與採用的靈性架構。我也認為，各大一神論宗教都很容易給人們過多錯誤的慰藉。

如果說追求靈性就是嘗試與未知事物有長期的連結，那究竟是好事，或是完全搞錯方向、注定要失敗的志業？為了要回答這個問題，我們可以參考另外一種觀點，它特別展現在一九二〇年代維也納邏輯實證論的主張。依據他們的想法，經驗無法驗證的，就不具有實質上的意義。以此來了解靈性，並用口語化的方式來表達的話，可以濃縮成這句口號：「如果那個東西是不可言喻的，天殺的你最好別再去談論它。」或許邏輯實證論的觀點太極端，但的確傳達出大眾的感覺，未知事物可以當成人類未來知識的發展方向，但與目前的人類經驗毫無關係。相反地，支持靈性的人會認為，永遠都有我們不了解也無法掌握的事物，適當地意識到這個事實，是構成完整人類生命的核心要件，如同知識與各種理解一樣重要。

我很確定，精神性實體並不存在，而且把它描述為能夠帶我們從這個根本的物理世界進入更深刻、經驗更豐富的生命，更是一點幫助也沒有。但是，嘗試將未知事物放於人類生命的核心，這樣的靈性追求有多少價值，我就真的不敢確定了。更有趣的是，如此理解靈性，實際上反而會使它迥異於我們留給宗教的面向。畢竟，當宗教試圖去解釋未知事物時，就會完全脫去靈性色彩了。

不論我們要不要擁抱未知，存在主義的嚴厲提醒言猶在耳：生命的意義只存在於此時此刻。但是，沒有人能夠保證，你一定能夠成功地創造出生命意義，或是當你找到它的時候，一定會心滿意足。在這個不完美的世界裡，不管我們遇上什麼情況，就是得想辦法善用它，任何人生意義都要遵守這個法則。

第十九章　思考與行動

哲學家

心靈與身體；思考與行動；內在與外在。以這些二分法去理解人類的種種面向，似乎是天底下再自然不過的事情。但如果這根本不是什麼自然原理，那麼它們有沒有可能只是我們思想史上變化多樣的產物？如果說這些二元區分單純只是文化創造出來的，而我們大可不必去理會，這樣的說法又有點異想天開。較為可信的想法是，我們分得太清楚又絕對，遠超過事物本身的樣貌。據此，我們常常將責任歸咎到這個人身上：笛卡兒。

英國哲學家吉伯特・萊爾（Gilbert Ryle）是笛卡兒理論最強烈的批判者之一，他提出許多論述來細數笛卡兒的罪狀。最嚴厲的指控就是，笛卡兒提出「機器中的鬼魂」迷思，成為他的「招牌概念」，更成為西方思想界接下來數百年的預設前提。根據此迷思的講法，每個人都是由兩種不同實體組合而成：心靈與物質。笛卡兒對思想界造成更大的危害是，他賦予這兩種實體不同的本質。他認為物質是外顯、可觀察到、可測量的，心靈的內容則是私有，只有擁有那個心靈的你才能確切知道，其他人則完全無法觸及。之所以如此，因為每個人在實質上都是「思考性實體」（*res cogitans*），而非「肉體性實體」（*res extensa*），所以我們是被鎖在自己的私有領域中，透過自己的肉體與外界互動。我們的私有領域位於心靈，而心靈住在肉體裡。

這幅圖象更讓我聯想到喬治．威爾斯（H. G. Wells）科幻小說《世界大戰》裡的三足屠戮機器人（tripod），它看起來不只是無生命的機器，而是個巨大的金屬生物，身體形狀怪異，有個會來回轉動的黃銅色頭蓋，不免讓人覺得像在四處觀望的頭部。然而，它們確實是沒有生命的機器，內部僅有的意識則是來自於遠在火星上的操縱者。笛卡兒的「招牌概念」也隱含著類似的意象，我們只是住在自己的身體裡，但卻不是肉體的一部分。我們先還笛卡兒一個公道，他其實並不同意那樣的說法，他認為：「我在身體裡面，並不像是水手在船艙裡面。我與肉體相當緊密地結合在一起，幾乎融為一體。因此，我與這個肉體形成了一個整體。」[86]但是，只要我們依舊區分肉體與心靈，那使我們成為自己樣子的，就是心靈，而且它是私有的。這似乎意味著，我們多少必須將自己想像成何蒙庫魯茲，只是暫時居住在這個肉體裡面而已。

這種想法的後續影響之一，就是過度誇大我們「內在」與「外在」生命的截然不同。的確，許多與想法、感覺有關的事情都是主觀的，只有自己才能經驗到。但他人對我「內在」生命的了解，有時會比二分法預設的更多，又或者我們對自己也所知甚少。舉例來說，回想看看，是否常常你自己都還沒反應過來，他人就已經注意到你的感受，而且掌握得很精確。你泡茶的樣子看起來心浮氣躁，但你不知道壞心情悄悄襲上心頭，這時就需要伴侶提醒，你正煩躁不安，並替你指出原因，原來是之前泡的茶被人批評，現在還感到忿忿不平。還有更嚴重極端的例子。你深信自己深深地、真切地愛著對方，但身邊每一個人都看得出來你愛

---

86 René Descartes, *Meditations on First Philosophy*, §81, trans. John Cottingham (Cambridge University Press, 1986), p. 56.

到失去理智了，實際上你與迷戀的對象之間根本沒有深切的連結。在這種狀況下，人們從內在形成的觀點比較不準確，比較難掌握到自己的真實面，外在觀點還比較可靠。

同樣的基本原則也可應用在思考與行動的區分。「坐而言不如起而行」這說法並非沒有問題，因為它意味著語言文字與行動是不同的事情，雖然都是在傳達出內心深處的思想、感受與欲望。不只於此，我認為行動（包含講話）不只是表達出想法，行動本身就是想法的一環。我的意思是，如果你想要完整地描繪你的想法，就要包含你的行動，當然還有你腦袋中私人懷抱的各種內容。舉例來說，如果你想自己做麵包，而不是去購買現成品，你一定是認為那值得花費心力，即便你行動的當下沒有意識到自己有這樣的價值判斷。事實上在某些時候，你會透過所做所為而發現自己真正的想法：「我總是覺得自己並沒有很重視與父母之間的互動。說是這樣說，但我常打電話問候他們，也常常去拜訪。我猜想多少自己還是很在意。」

從這個角度來看事情，就多少能了解無意識這個概念的正確與錯誤之處。自從心理分析出現後，它已經逐漸受到社會大眾的廣泛認同。正確之處在於，我們許多的言談與行為，並未伴隨或遵從有意識的思緒，因此，觀察自己的行為（如同旁觀者所見），我們就能探知自己內心的真正想法。錯誤之處則在於，當我們從外在去觀察自己時，並不是在想辦法進入什麼真實的自我，好像它還有一層防護罩，躲在內心的最深之處。但我反而認為行為精準地呈現出自己的某些面向，因為我們個人的特性不是完全取決於深藏在心靈隱蔽處的活動。

人類是身心相連的整體（psychosomatic whole），不單純只是心靈或者只是肉體，而是會思考的動物。當我們談論到思考與行動、內在與外在等區別時，並不是在談論兩種分屬不同領域或不同形態的活動，而是與自我緊密相連的兩個面向。當思想與行為共同運作的時候，我們才會有最為完整的自我。一個人如果欠缺豐富的內在生命，就好像是個沒有烏龜的龜殼；一個人如果過度專注於自己的內心世界，就會像隻沒有龜殼的烏龜。

心理治療師

想要釐清幸福感（well being）的各項組成要素，或許我們可以從修道士身上學習到某些東西。西元六世紀時期的「聖本篤清規」是當今所留存的最古老也是最具影響力的修院生活指引，內容強調「懶散是靈魂的最大敵人，因此修士應當在每天固定時間從事體力勞動，其他時間則必須努力研習經書」[87] 每日數次的例行儀式構成修士生活的主幹，中間則插入各種勞動工作。生活只有：祈禱、工作與研讀。

隨著時間推移，我們有些人已經不是信徒了。外界也發現，過去幾世紀以來，修道院越來越不要求修士進行體力勞動，只剩下一些徒具形式的勞動儀式，大部分的庶務工作皆交由教友或聘員工去負責。儘管如此，聖本篤清規的確展現出了古老智慧的核心要素，簡言之：我們應該關注自己的內心世界，也必須身體力行投身於外在世界。

乍聽之下，為了擁有內在生活，似乎要專精於冥想，或遵循某些具體的修練指引。這實際上也包含許多特定活動，例如閱讀經書、研習討論與沉思冥想等等。在這些活動底下，我們也要保持一種內在心態，持續與自己對話，反省、質問、傾聽自己的生活經驗，藉由自我導引與探究的思路，找出自己的人生道路。與自己的內在對話，十分有助於獲得豐富且有意義的人生。這樣做能培養獨特的人性能力：自我反省、自我覺察與解決問題的能力等等。偏外在的活動（例如工作、人際關係、旅行等等）取決於與世界以及他人的配合，人與內在對話特點是自發性的，而且不管人生發生什麼事，都不會妨礙對話進行。當我們擁有豐富的內在生命時，不用太多東西就很容易滿足，同樣地，對自己與外在世界有好奇心，就能常保新鮮感。

自我反省、學習與發展等能力本身除了能讓人特別快樂，在自我認識與自我理解等方面亦扮演重要角色，有助於指引生活，強化一部分的自我管理的能力。如果我們相當了解自己的怪僻與行為模式，就比較提前預防、避免陷入自己設下的困境。若更清楚自己的價值觀，就越能活出那樣的生命。有時我們統稱這些能力為自由意志。

依據亞里斯多德的想法，人類所獨具的理性運用能力，在所有構成美好人生的潛在要件中，是最重要的。對斯多葛學派而言，我們唯一能夠掌控的東西就是與人類相關的選擇能力與選項，那也是唯一值得努力培養的能力。我們或許不會

87 *The Rule of Benedict* (Penguin Classics, 2008), p. 72.

接受這兩個學派的形上學立場，但大方向上來說，他們的看法歷久彌新，今日仍適用。

想要活出更完整的人類生命，就必須培養出自己本有的這些能力。或許有人會質疑，正是這些心理機能阻礙了我們活在當下的能力，不能貓咪一樣盡情愉快地享受生命。我們搞不好真的能從貓咪身上獲得靈感，在陽光灑落中伸展四肢，在火爐旁邊蜷縮身軀，不擔心未來，也不懊悔過去。我們的確應該活在當下，但應該盡量以人類特有的方式。真的要以貓咪的方式活在當下，就像罹患某種疾病，沒有長期記憶，只有一再重複的當下。

就像硬幣有正反面，我們還有另一種方式可以實現完整生命，它也是內在滿足感的來源——親身參與世界。消費社會解放了人類，我們不再需要親自處理無止盡的日常雜務，因而有安排時間的自由，想做什麼就去做。說實話，現代人往往只需要按個電器開關，就能夠輕鬆完成從前人們必須曠日費時才能夠做到的事情。但依據《勤用自己的雙手》（*The Case for Working with Your Hands*）的作者馬修・柯勞佛（Matthew Crawford）的想法，現代人因此而失去的東西可多了。我們被剝奪的機會越多，越無法與外在世界的真實事物面對面接觸，自給自足的能力就越貧乏。被動消費的習慣慢慢取代了主動參與的精神。

柯勞佛認為，我們需要親身參與、多少掌控自己身處的環境，才能發展出相對應的判斷與技能，這是作為人類最不能抹滅的事實。「我們天生就善用工具。人類在世界生存的方式，基本上就取決於如何使用工具。」[88]「靈活運用自己的傢伙」這項需求長期以遭到打壓、忽視，反而促成了近日的潮流，例如「老物品起死回生」與「自己的食物自己種」。這股潮流在經濟衰退時都還沒這麼盛行。

柯勞佛的研究報告指出，最顯著例子發生在一九五〇年代，當時蛋糕粉問世，烘焙過程最重要的步驟便被取代了，但貝蒂・克羅克食品公司（Betty Crocker）迅速發覺商機，推出了未完成的蛋糕粉。打個蛋加進蛋糕粉，家庭烘焙師才會對自己的作品感到滿意[89]。這讓我不禁聯想到情境喜劇《神父泰德》（*Father Ted*）的情節。有個業務員上門來推銷新型的泡茶機，可以省去泡茶最討厭的那一段過程，但管家多伊爾太太卻回覆他說：「也許我剛好最喜歡那一段過

88 Matthew Crawford, *The Case for Working with Your Hands* (Penguin, 2009), p. 68.
89 Matthew Crawford, *The Case for Working with Your Hands* (Penguin, 2009), p. 67.

程呢！」

思考與行動、內在與外在、關注自己或世界，這些區分並非對立，即便我們習慣這樣去看事情。但柯勞佛堅持，這些具體工作的獨特之處還是在其知識成分。當我們試著去製作或修繕某項東西，必須先有計畫，執行後也得逐步解決問題。思考會啟發行動，行動也會啟發思考。

實際上，大多數的人都會因性格而傾向其中一方。有的人比較注重身體力行而思慮欠周，有的人則偏重思考而忽視實踐，但設法讓兩者平衡發展對我們最有利。當然兩者間沒有什麼最佳比例或固定的搭配法，重要的是要達到混合起來能運作的狀態。

第二十章　注意力

哲學家

我們都知道有些牙科醫師一口爛牙，裝潢師傅自己的家一團亂，我還敢打賭，心理治療師就是一群有精神官能症的人。即便是最銳利的眼睛也無法注視自己，就算想用鏡子來解決問題，鏡中影像往往也會扭曲，或視線就變得模糊起來。最讓人擔心的是，我認為就連哲學也不例外。說起來還有點丟臉，因為哲學最自傲的便在於願意去質疑自己最重要也最根本的原則。我們把德爾斐阿波羅神廟裡的碑文當作哲學的座右銘，柏拉圖亦常常引用：「認識你自己。」

在我看來，當代英語哲學圈最大的問題在於，太執著於把理性論證當作自己的獨門絕技（modus operandi）。理性論證的過程是一連串的推論，而結論的可信度奠基於推論的強度以及各項前提是否屬實。無可置疑的是，理性論證的確是哲學非常重要的部分，但我認為還有其他東西也一樣重要，甚至更關鍵。你可以稱它為洞見或判斷力，其運作並非依賴於邏輯推演能力，而是專注地細心觀察。接著我會討論到，這才是理性論證的核心。

我可以找到許多證據來支持這個主張。看看哲學史上最重要的那些「論證」，你會發現最核心之處都不是歸納推論，而是關鍵至極的觀察。

以當代哲學中最著名的論文為例：湯瑪斯．內格爾（Thomas Nagel）的〈身為一隻蝙蝠的感覺會是什麼？〉（What is it like to be a bat?），內格爾的結論是，「什麼叫作有意識」，這個問題我們或許根本不可能提出完整、客觀、科學性的說明。這可是個驚人的主張！但這個結論主要不是基於論證，而是從這個論文標題去聯想出的觀察。內格爾邀請我們一同想像「以回聲定位法去感知外在世界」究竟會是什麼感覺，也就是想像自己是一隻蝙蝠。真的去試試看，會發現根本想像不出來。我們唯一能夠確定的是，蝙蝠感知外在世界時絕對有一些特有的感受。因此，我們觀察到，如果你沒有某些特定的經驗，就無法適當描述出那些意識經驗的某些面向。我們應該努力的方式是更貼近了解意識的本質，而不是建構出一套論證。

或可以參考英國哲學家休謨的想法。他認為，我們一般對因果關係的理解，不是基於邏輯推論或自身經驗。當然，我們不可能單從邏輯就能推論出「事出必有因」。但無論如何，我們總是會相信每件事有因有果，大概就是因為有某些證據支持這個信念。讓我們仔細地看看因果關係最簡單的例子：拍拍手，然後就有聲音出現。你是否觀察到拍手導致那聲音？當然沒有。你只觀察到聲音，它在你雙手合起後的瞬間幾乎同時出現。你知道這一定會發生，所以你假設拍手是聲音出現的原因。就如同所有的因果關係，拍手導致聲音只是假設而已，即便在電子顯微鏡底下，我們也無法看到一件事情導致另一件，只能看到一連串的事件發生。這具有相當重要的意涵：我們對於因果關係的信念，包含所有科學上以及日常生活中深信不疑的，都無法藉由邏輯或觀察證成。諷刺的是，最後這個結論主要也是來自於觀察——細心地留意我們對外在世界的經驗。

我可以舉出其他更多例子，但希望已經清楚說明了我的主要觀點。優秀的哲學理論乃奠基於注意到正確的事物，詳細地關注它們，並且理解它的意義。我會這麼強調，是因在哲學上能成立的，普遍來說在其他理性領域也適用。想理性了解世界，我們所需要不只是邏輯推演能力。口袋型計算機不用理解世界就可以進行計算，但如果我們也這樣運作，就無法從單純聰明人提升為有智慧的人。

當我們在進行實踐思考，如倫理學議題與重大的生命選擇，前述觀點就更至關重要。現下有許多方法，專門指導人們如何解決困難的人生抉擇。其中一項方法是，列出與某個選擇有關聯的全部優缺點。我肯定這是個好主意，但我們永遠列不出這種清單，當然也算不出採取哪個行動才是正確的。你可以試著對每一個相關要素評分，但你所需要做的事情不只是計算分數，還必須仔細地關注每一個要素，詳細考量它有多重要。即便你真的做出那個評分表，我也希望沒有人建議你把那些分數加總起來，看看結果是正分還是負分。舉例來說，你列了十二項相關要素，你給其中的十一項負一的分數，而給另一項評估正十。單純加加減減起來，你就得到負一的結果。據此，你不應該去做只有一個強烈理由支持的行為，因為有更多微弱的理由告訴你那不是個好主意。我反對把這種方法當成通則。你還是得有個判斷，為此，你不需要搞出一套論證或計算法，而是回過頭來關注每一個要素，看看它到底有多重要。

不過，有時想得太多太清楚反而也是個問題。我們常常下不了決定，因為腦袋會閃過許多不同選項，努力找出各種組合、結果會是如何等等。這時，我們最好停下來問問自己：當前什麼才是最重要的？可能發生的風險是什麼？我的注意力有放在對的地方嗎？計算太多，反而使我們無法專心觀察。哲學家跟所有人一樣，出門踏青時也會太專心看地圖跟尋找路線，因而忽視了身邊的事物。我們當初想走到這裡，不就是為了看看它們嗎？

心理治療師

「現在，請注意一下！」這句話聽起來就像在罵人，如果再搭配上嚴峻的眼神、甚至捶打桌面就更像。但注意力的確很重要。心智有專屬的各種機能，包括建構關於過去與未來的平行世界，使我們陷入那些情境，錯過了當下眼前的一切事物：美麗的景色、警訊或各種學習機會等等。

集中注意力許多不同方式。其中一項是近幾年相當流行的正念（mindfulness）練習。它原先是佛教的冥想練習之一，臨床醫學上則用來對治憂鬱等負面情緒，目前也受到大眾關注，蔚為風潮。

正念修行包含將注意力集中在一呼一吸之間，同時留意注其他現象（想法、感受與感知）的升起與消失，不需要擺脫、也別執迷於它們。為什麼我們應該這麼做？佛教就是精神修練之道，就佛法來說，從事正念修行最首要的理由在於，以此獲得洞察力，好能看透世間萬物的真實樣貌：短暫、無堅實的本質、恆常不可避免地會讓人受苦（編按：即諸行無常、一切皆空、諸受皆苦）。有如此洞見，才能實現覺悟。

另一方面，就臨床醫學的原理來看，對於那些飽受憂鬱情緒之苦的人，正念修成能教導他們，即時察覺自己情緒低落與負面想法出現，否則一開始反芻思考，情緒就會失去控制。那些令人痛苦的想法與感受，如果我們能學著讓它自由來去，不忽視也不試圖去壓抑，那麼我們的視角就會大大改變。

隨著正念修行的傳播，它的概念內容也擴散其他領域，但負面效應就是，它變得虛無飄渺起來，好像可以解答所有人生問題。今日它被應用到許多不同脈絡下，學校有正念課程，各行各業也強調正念領導，社會上逐漸出現一股潮流，只要任何事物上冠上正念，看起來就會更有深度。正念變得像某種毒品，只要一股腦地信靠它，就能變得更加健康快樂，神奇地解決各種工作困境，甚至能夠促進性生活美滿（我最近在雜誌上讀到的）。

但是，正念修行也可以單純是一種練習，學習如何去留心與接受所有經驗。即便你沒打算追求覺悟，或沒有受到精神症狀困擾，但至少有兩個明智的理由支持你去做這些練習。第一是美學上的理由：如果能更鮮明地看到周遭事物的更多面向，那不是很美妙嗎？人生絕大部分時間，我們常常會陷入鑽牛角尖，完全忽視了許多事物的美好之處，例如牆壁上的光影變化、樹上野莓在秋天時節散發出的鮮紅色彩等等。如果能夠注意到這些細微神韻，我們就會有更加豐富且完整的生命體驗。

越南禪宗的一行禪師詩意地寫道，正念意識能幫助我們更加留意身邊所有的美好事物（不光是自然美景），進而轉化我們的日常生活體驗。一行禪師教我們，應該將正念意識擴展到去留心我們所做的每一件大小事情，就從最簡單的事情開始：洗碗、泡茶。他說道：「用最放鬆的心情去洗碗，把每一個碗盤都當作冥想的對象。每個碗盤都是神聖事物的。依循著你的呼吸節奏，試著別讓自己漫不經心。千萬不要急急忙忙地想將事情做完。將洗碗當作是生命中最重要的事情。洗碗本身就是一種冥想。如果你無法保持正念洗碗，那麼即便是安靜打坐，你也無法靜心冥想。」[90]

另一個是較為務實的理由。如同佛教無神論者史提芬・巴喬樂（Stephen Batchelor）所主張的，我們做事情常常漫不經心，「沒有意識到自己處於習慣性衝動的高點」[91]。我們常被自己想法與感受緊緊包圍住，以致於自己沒有意識到，它們其實都只是短暫的心理狀態。於是我們就不經意地任由它們擺布，支配我們的所做所為，使自己完全脫離明智的行為方向。

在這層意義下，要時時保持正念，就必須明白，思想與感受本身就像萬花筒一樣千變萬化，最好能即時察覺傷痛、憤怒或自憐等情緒出現的片刻。如果我們能在第一時間掌握到情緒波動，就更能保持穩定，更能掌握自己反應事情的方式。我們也應該更能選擇自己想依據的價值。當然，我們還是有可能維持最初對事情的好壞判斷，但至少可以避免再自動化做出反應，這絕對是好事一件。

那麼，是否真要透過冥想修行，才能夠發展出正念力？簡單說：「當然不一定」，不過，練習靜坐、將注意力專注在自己的呼氣吐氣之上，絕對有幫助。（至於複雜的答案，則取決於你想實現什麼目標。）接受與承諾療法中也有許多練習，讓我們腦袋騰出一些空間，稍微遠離自己的想法，好能更具體地感受一切。當然，我們提出接受以及保持距離等等練習法，不是說你就不該改變現狀，畢竟有些事情一定得改善、有些缺點也一定要試著改掉。重點在於，著手改變時，心態上還最好還是能接受當前的一切。

以上提到的方法與另一種集中注意力的方法相對比，會非常有趣，也就是今日大家都熟悉的心流概念。契克森米哈里寫道，當我們有清楚的目標、直接的回饋、能力又剛好能應付當前的目標，就會處於心流狀態。此外，當目標本身有內在價值，而我們全神貫注去努力追求時，也會進入那種狀態。接著我們就可能一頭栽進這種體驗中，渾然忘我，甚至忽視了時間的流逝。

從某些角度來說，心流狀態似乎與正念狀態完全相反：後者是覺察到我們主觀經驗的每個漣漪，但前者卻是完完全全忽視其他感受，沉浸於於自己正在投入的事情。但就好像正念概念一樣，心流理論也是關於如何控制注意力，試著在日常混亂的意識中建立秩序。心智總是會自尋煩惱，所以我們不應該浪費心力去

90 Thich Nhat Hanh, *The Miracle of Mindfulness* (Beacon Press, 1987), p. 85.

91 Stephen Batchelor, *Buddhism Without Beliefs* (Bloomsbury, 1998), p. 6.

煩惱日常遭遇到的瑣事與挫折，將精神轉向具體的目標，就能夠讓意識清楚有條理[92]。這不只是關於「高峰經驗」（peak experience）。契克森米哈里清楚地指出，每個人都可以在自己的生命中創造出相關條件，讓自己擁有更多的心流感受。

貫穿正念與心流兩個概念的主要思路在於，我們應該要有能力引導注意力，有意識地行動，不要不加思索地被內心來去不斷的衝動牽著鼻子走。當然，這項能力絕非萬靈丹：正念與心流都無法告訴我們如何生活，也無法幫助我們做抉擇或解決問題。但絕對值得去培養這兩項能力，當我們得周旋於生命中的轉折與變動時，它們真的能發揮極大的影響。

並非只有生命出現問題，或是想有所提升、不被令人難以忍受的日常煩惱困注，才要藉助正念注意力。對自己的內在經驗以及周遭一切大小事物保持開放與好奇的心態，人生就會更豐富，也是最好的生活哲學。若再結合佛教特別強調的慈悲心，就能在漫長人生中，引領我們的朝向智慧與至善。

---

92 Mihalyi Csikszentmihalyi, *Flow* (Harper & Row, 1992).

第二部

第二十一章　給哲學家的心理學

朱立安・巴吉尼

自有人類文明以來，在前面的數千年時間裡，哲學與心理學並無區別。針對人類心智所進行的研究有各種分枝：務實的、理論的、經驗的、邏輯的等等，但都同屬於一個根源。然而到了十九世紀，有段枝椏長得很茂盛，還自己扎根，也就是日後為人們所熟知的「實驗心理學」（Experimental Psychology）。隨著時間推移，這門以科學方法研究心智運作的學科，與哲學其他分枝的發展差異越來越大，越來越難忽視。我們無法找到一個確切的時間點，去指出哲學與心理學究竟從什麼時候開始分家。至少在一九一三年出現了類似分道揚鑣的聲音，當時有一百零七位來自德國、奧地利與瑞士的哲學家共同簽署了一項請願書，要求學校不再將哲學教授的職位授予實驗心理學家。儘管如此，大多數的人其實相當樂見「該門學獲得了令人滿意的發展」，因此，「它應該成為一個獨立的研究領域，建立起完整的相關學術體制」。針對「人類心智運作方式進行的實證性研究」，應該擁有自己獨立的研究部門與學者，同時也應該將哲學交還給哲學家[93]。

哲學與心理學的分家過程頗為順利，而且從很多方面來說也都符合雙方的最大利益。但這不是沒有代價的。當哲學與心理學同屬一門學科之時，還能一起為美好人生的意義把關。我們如果想知道怎麼生活，便需要哲學家與心理學家一起提出的洞見，但當他們不再共同合作、甚至不再相互交流的時候（照理不應該如此），就很難再給我們協助。

哲學與心理學是一家的重要性在於，這樣我們就能一同關照事實與價值的相關議題。以理性思考為例。哲學專攻各項邏輯原則、可靠的論證以及無懈可擊的推論過程等等，這些都是理性思考上的真理，卻不是事實上人們實際的思考方式。分家後，哲學極力擁護邏輯原則的價值，一再強調，那些就是進行理性思考時要努力的方向，也應該用於絕大部分的生活領域。相對來說，心理學則著重於人類心智的真實運作方式，其研究報告顯示出，大腦很少是透過邏輯規則得出各種結論。大腦會運用各種較為快速甚至不合邏輯的思考捷徑，也就是「捷思法」（heuristic），讓自己能迅速地得出正確結論。捷思法用來應付生活通常是綽綽有餘，只不過欠缺合理邏輯推論的可信度。如果你認為，討論人類理性時，重點應該包含如何善用理性能力，首先你得清楚該如何朝理性發展，洞察心智常用的偏見、小技倆或思考捷徑，最後當然也要知道邏輯規則，才能判定推論是否有效。壞消息來了，想要達成這些目標，兩門學科都得學習！

如果你想要實現美好人生，那「價值與事實」、「應然與實然」這些劃分就會變成問題。我們當然需要心理學，它能提供確實的證據基礎，讓我們了解自己對人類的好壞看法。大部分的哲學探究都基於對人類本質的各項假設。在心理學成為一門獨立學科之前，那是無可避免的研究路徑。但事到如今，我們再也沒有藉口對人類本質那樣草草帶過，必須用心理學家得出的事實為研究基礎。隨手舉個例子，馬克思說：「工人越是耗盡心力，創造出來的物質異化世界就會更強大，也越來越與自己作對。工人自己與他的內心世界會越來越貧瘠，世界中真正

93 此封信件收錄於Martin Kusch, *Psychologism: a case study in the sociology of philosophical knowledge* (Routledge, 1995), pp. 191-2.

屬於他的東西也會越來越少。」[94]這是馬克思談到異化的部分內容，也是其政治哲學的關鍵概念。很明顯地，那是透過經驗而得出的主張，以強調工作對於人類心理的影響。今日如果有人想支持這個主張，但不把心理學證據納入考量、檢驗它是否能成立，那就太荒謬了。簡言之，什麼才是正確的生活之道，相關的哲學主張都是基於我們相信人類本質是什麼。既然如此，哲學就需要心理學，否則便會淪為空泛的猜想。如果你不理解事物的真實樣貌，卻主張它們應該變得如何如何，應該不會有人把你的話當真。

另一方面，光是知道事物的真實樣貌，你也不能直接得出結論，主張事物應該如何發展。心理學界發現自己正面臨如此的困境。關於人類心智的研究，心理學分得了事實部分，但卻留下價值部分。以正向心理學的發展來看，這個困境越來越明顯。傳統心理學把焦點放在心智哪裡出錯了，正向心理學的貢獻就是試圖取得平衡，把重心轉到使心智走上正確的道路。但在努力過程中，相關學者理所當然地認定，我們都知道什麼叫作轉回正軌。最明顯的例子是，正向心理學家做了很多研究要找出哪些東西會使人感到快樂，但就是沒辦法解釋做一個快樂的人到底是不是適當的人生目標。乍看之下或許如此，但光用一個例子就能顯示事實並非如此：宗教。許多研究報告皆顯示出，成為信徒比較容易感到快樂。這一點並非毫無爭議，至少我們能肯定，某些形式的宗教會讓人不快樂。但我們應該搞清楚，無論研究結論是什麼、知道宗教能帶多少快樂，都不足以作為接受或拒絕宗教的理由。作為虔誠的天主教徒，即使有天你發現無神論者比天主教徒活得更開心，也不會覺得有任何理由要改變信仰。就你的立場來看，那只能顯示沒信仰的人都是快樂的傻子。相反地，清醒的無神論者也會覺得手舞足蹈的教徒好像笨蛋一樣。簡言之，怎樣才是正確的生活之道，相關的心理學主張都基於我們相信什麼是好的。既然如此，如果不想混淆描述與規範、事實與價值，就需要哲學的幫助。如果你知道的只有事物的真實樣貌，卻主張它們應該變得如何如何，一樣也不會有人把你的話當真。

談到心理學的治療面向，應然與實然的區分就更為重要，甚至更複雜。心理治療就是游走於事實與價值之間的尷尬地帶。就某種意義來看，心理治療的存在，正是預設了一套價值觀：渴望幫助人們實現更完整的生活。然而，許多心理

---

94 Karl Marx, 'Alienated labour', in *The Portable Karl Marx*, ed. Eugene Kamenka (Viking Penguin, 1983), p. 134.

治療師（即便不是大多數）並不認為他們的工作包含與患者認真討論或交流對於完整生命的看法。就好像父母與小孩的關係，心理治療師並不關心患者都在做些什麼，只要他們會開心就好。還有一點也很像家長，平常都不在乎，但當患者的選擇嚴重偏離常軌時，才會大聲制止。

在實務上，這意味著心理治療與哲學在目標上各有拉鋸與衝突之處。拉鋸在於，哲學想要盡可能地深入探討價值，但心理治療卻希望盡可能地忽視它。衝突則在於，心理治療致力於恢復人的完整機能，而哲學的目標是找到真理。這個衝突讓我相當懷疑哲學諮商（philosophical counselling）的效果（參見下一章）。舉例來說，我記得聽過一個哲學諮商師說，他們的工作就是找出患者在想什麼，然後找出可以搭配的哲學家，後者比較能精準完整描述患者的世界觀。他的說法令我相當不安，也就是說，你是刻意挑出立場跟你相近的哲學家，用他的理論來支持你本來的想法。但是，這樣的做法完全背離了哲學精神。比較適當的做法是找出患者原本的想法與重要的哲學論點有何連結，再以此當作探索問題的出發點（好吧，搞不好這才是那位哲學諮商師真正想表達的）。如果你引用哲學觀點或文章只是想讓自己感覺好一點，那就不是在進行哲學探討。哲學思考應該要跟著討論主軸前進，而不是它們給你什麼感覺。也不應該把想要的結論當成討論的起點。哲學是探險未知，不是參加遊覽團。好的哲學諮商應該像探險一樣，不斷把生活問題連接上哲學討論，而不是不惜代價地斷章取義各種哲學觀念，只為解決自己的問題。

如果你真的想要思考人類該怎麼生活，很明顯地，哲學、心理學與心理諮商都提供了許多資源，如果三者能結合，就更能發揮它們的效用。我們得想想自己想要什麼、哪些是可能實現的；我們得追求關於自身的事實，也應該想想自己想實現哪些價值；我們必須弄清哪些是真理、哪些能實現更完整的生命；知識上的理解與現實生活中的智慧，兩者都要兼顧。在人類的知識發展史中，這些問題各自分開發展，並成為三個學科各自專攻的領域。那只是偶然的發展，但我們還是有辦法整合在一起，這也是本書的目的之一。

研究建議

長久以來，各種研究發現源源不絕，傳達各種該如何生活的理念，要搞懂這股趨勢，哲學上的敏銳度應該是最有用的。有許多明顯與廣為宣導的理由，要我們提防那些新發現，就連心理學家也這樣勸告。主要原因是，我們不能夠單憑一份研究報告就馬上跳到結論。不過也有許多發現其背後是有大量、獨立的研究報告支持。我們慣常用斗大的標題、簡要提示近幾十年來心理學家的發現：美好生活最關鍵的要件是健康及人際關係的品質；財富能提供的快樂報酬是遞減的，它是脫離貧困的最好幫手，但一旦進入小康狀態，它能提供的就微乎其微；樂觀好過悲觀；有宗教信仰或意識到更崇高的目的，會讓人比較快樂；財富與社會地位的不平等會反過來影響人們的心理與身體健康。

如果你有興趣探索什麼是美好的人類生活，這些資料就相當重要，但前提是它們都是真的。班・高達可（Ben Goldacre）倒是不厭其煩地去踢爆那些草率的研究，以及更草率的延伸解釋，就如他放在T恤上那句最有名的口號：「我想你最後會發現事情沒那麼簡單。」（I think you'll find it's a bit more complicated than that.）媒體老是塞給我們這些研究報告，講得斬釘截鐵，但當中很少真的是定論。與其說研究的結論「揭露」了什麼，比較正確的用語應該是「建議」，當然，建議有好有壞嘍！

我們得從實驗本身開始檢討。最明顯的事實是，實驗就本身的定義來說，通常都是受到高度的人為控制。當然必須如此，因為它們的目的在於隔開某些變數。路上有人需要你的幫助時，你身邊的路人數目是一個、兩個或二十個，究竟會有什麼差別？我們不可能在現實世界中操控這些變數，因此得設計出人工的情境。問題在於，我們或許隔離了某些變數，但同時也帶進其他無法控制的變數：我們想要的差異性可說是在人工的環境中產生的，例如大學的心理實驗室。實驗室做出來的研究能揭露多少人們在日常生活中的反應，我們總是該先打個問號。我們必須仔細檢視每一項實驗的設計過程，才能合理判斷它的結果有多嚴謹。

受試者的身分也可能扭曲實驗結果。許多研究原本的目的是要告訴我們普遍的人類本質，但可悲的是，基於實務上的原因，實驗對象幾乎只限於年輕的美國中產階級白人大學生。曾經身為英國中產階級白人大學生，現在隔壁還住著九個同樣的年輕人，我可以很有信心地說，這種人絕對不太正常。因此，我們還是必須質疑：這些實驗的受試者身分為何？就實驗的相關面向來看，他們是否能代表我們其他人？

假設實驗設計相當完備，能夠避免上述質疑。接下來的問題是找出實驗結果的意義。科學界有一條真言，也可說是永恆的真理：相關不等於因果（correlation is not causation）。如果你發現，比起西班牙足球迷，有較多的蘇格蘭足球迷深受「季節性情緒失調」之苦，你應該能立刻看出，病因絕對不是他們身為蘇格蘭足球迷，而是住在較高緯度的地區，冬季日照較短。支持遊騎兵（Rangers Football Club）或是塞爾提克（Celtic Football Club）足球俱樂部與季節性情緒失調之間或許有相關性，但不可能是原因，除非球隊表現失常，整個冬季戰績特別低迷。

在其他情況下，相關或因果就不是那麼容易區分。例如，上教會能變快樂（雖然證據不太明顯），兩者雖然相關，但光憑這一點，不足以顯示成為信徒就會變得比較快樂。原因或許是，去到教會就能感到快樂，不論你是否身為教徒。況且，不上教會的信徒也沒有比其他人更快樂。搞不好上教會也不是變快樂的關鍵因素，真正發揮效用的，是成為熱情社群團體的一員。最近不少研究報告指出，生活在宗教氣氛較濃的社會，成為信徒比較能帶來正面的影響，也就是說，融入群體與連結感才是快樂的主因，而非信仰本身[95]。

許多研究都企圖把事件、處境、信念或傾向連結到實現幸福的方法。一旦我們理解相關與因果的區別，就會發現那些連結沒一個有因果關係。舉例來說，英國廣播公司最近主持一項相當龐大的研究計畫，試圖將憂鬱傾向連結到反芻思考或自責[96]。研究者最常遭遇的問題，就是因果關係的方向：即使因果關係成立，究竟是憂鬱的人比較會反芻思考與自責，抑或反芻思考與自責讓人憂鬱？研究人員最終結論道，憂鬱傾向是結果，而非原因，但即使他們收集相當大量的資料，還是無法確定是反芻思考本身的問題，抑或只限於某類型的反芻思考。再者，反芻思考往往跟自責感一起出現，研究人員也無法肯定，究竟哪種反芻思考搭配上自責，才最有可能導致憂鬱感。

這些複雜關係足以讓我們理解，即便有最可靠、最齊全的統計資料，還是必須謹慎看待得出的因果關係。再舉一個例子，樂觀與各種正面後果（健康、快樂、長壽等等）的因果連結。相關的研究成果看起來都很可靠。但這就能證明樂觀對你有益？我看不見得，原因如下。假設我將一群兒童分為男女兩組，看看哪

95 Ed Diener and Louise Tay, 'The Religion Paradox: If Religion Makes People Happy, Why Are So Many Dropping Out?' *Journal of Personality and Social Psychology,* Vol. 101(6), December 2011, pp. 1278-90.

96 參見 'The Street Test' at http://www.bbc.co.uk/labuk/

組比較能摸到高處的把手。結果男孩那組會勝過女孩。這是否能證明，身為男孩子就是能觸碰到高處把手的原因？當然不是。真正關鍵的因素是身高，大多數的情況下，男孩可能長得比女孩高。實驗結論的問題就在於沒有適當細分資料，沒有拆解成最基本的單元。我把性別視為最根本的分類項目，事實上卻不是。

類似的問題也不斷出現在樂觀的相關研究。受試者能得到正面的後果，原因可能是他們找尋解決辦法的意願與能力，盡己之力讓未來變好。如果你將人們劃分為樂觀與悲觀兩個群體，可能會在樂觀那邊發現較多這種人。這並不是因為保持樂觀扮演了關鍵性的角色，只不過它常常與真正的關鍵要素連結在一起，就好像男生往往與長得比較高連結在一起。這點區分極為重要，因為樂觀有時會妨礙真正的關鍵要素。有些人抱著盲目的樂觀，認為自己的將來一定是一片美好。這種心態往往會讓人較不願意去尋找解決辦法，不想盡力去讓未來變得更好。

除了資料分得不夠細之外，還有其他原因讓我們錯誤地從相關推論到因果關係。我們常常假設原因是固定的，但事實上並非如此。再以性別做例子。假設研究報告顯示出，與女性相比，父親較不願意花時間待在家裡陪孩子。即便是真的，但我們還是不清楚那是人類無可避免的天性，或者是社會規範與習俗造成的。確實，我們也很難知道天性與涵養對人造成哪些影響，因為當嬰兒離開子宮之後，就暴露各種影響之下，樣樣都反映出根深蒂固的社會習俗。即便我們知道男人比較不是以孩子為生活重心，但還是無法肯定這是否為不可避免的。我們永遠必須質疑：如果某項事物導致另一項事物，是否因為兩者間有內在連結，抑或只是當下環境促使連結發生？這問題不容忽視，特別是談到憂鬱傾向的原因。事實上，許多事物容易讓人憂鬱，原因應該就在於社會脈絡讓它們變得有問題。許多研究報告都顯示出，同性戀與自殺行為有關連。但更有可能的情況是，某些同志選擇結束生命，都是導因於親身經歷的不包容與迫害，而並非同性戀傾向。

當我們想延伸理解某個研究結論，想知道它對我們個人有什麼意義，必須記住，它唯一能告訴我們的，只有以平均來說比較容易出現的情況。例如，反芻思考通常會讓大多數的人感到沮喪，但那個人不一定是你。你隨便挑一位同志朋友，就知道不是每個同性戀都容易變憂鬱。如果你有點悲觀、一直在降低生活期待，也許就是更容易知足的人，即使普遍來說，大部分的人都不夠樂觀。相關研究常常被濃縮摘要成對每個人都適用，或至少對某個群體中的人一定成立。與性別有關的研究發現特別容易被濫用，造成許多負面效應。我們可以相當肯定地說，現今還沒有任何研究指出，比起女人，男人就是愛冒險、性生活比較隨便或是欠缺社交技巧。相關研究只有表明，有較多的男人愛冒險、性生活隨便、較欠缺社交技巧。這個結論沒有告訴你任何一個男人或女人是如何如何。它能帶給你的頂多是，當你對某人除了性別外都一無所知時，還能猜測對方比較可能有哪些特質。你以為它們會告訴你更多，那就像錯把氣候資料當成天氣預報；不能因為三月的雨量比八月多，就錯誤地認為在英國夏天不必帶傘出門。

以上談到的各種問題面向，都是直接來自一些基礎觀念，包括如何使用研究資料、了解實驗設計的侷限等等。然而，應該如何去延伸解釋這類研究發現，還有許多問題沒有得到應有的重視。這主要牽涉到「所知」與「所做」的差別。我們先想想「解釋」與「證明」差在哪裡。回到上述的性別之例。如果真有研究指出，比起女人，男人真的比較不願意主動照顧孩子，那這意味著什麼？我不希望所有的父親都引用這項報告去證明自己什麼事都不用做：「抱歉，親愛的，我不想去幫小寶貝換尿布。這是男人的天性。」關於性別差異的各項研究，或許能夠解釋為什麼某些人比其他人更願意做某些事情，但這並不代表後者有正當理由不做。比起你的室友，就算你較能夠忍受居住環境髒亂不堪，並不代表你就能理直氣壯將所有打掃工作都丟給室友。我們總是不自主有些傾向，但可以決定該拿它們怎麼辦。我們實在沒有理由去說，僅因為自己有某個偏好或傾向，就有正當理由總是去迎合它。

還有其他相關議題，比如說，該怎麼面對研究人員發現的許多認知偏見：我們自然都有一些扭曲的想法，而且是意識所掌控不了的。以驗證性偏誤（confirmation bias）為例，我們比較容易注意到支持自己信念的證據，而不會發現或刻意忽略反對的證據。這不僅僅只是智性能力的問題。如果你錯誤地堅信伴侶有婚外情，驗證性偏誤會讓你注意到所有符合那些推論的事情，甚至會扭曲毫無關聯或能駁斥你想法的證據。伴侶突然送你一束愛的鮮花，你反而會當成對方在彌補罪惡感。同樣地，憂鬱情緒也會強化看事情的方向，把每件事情都當成負面證據：大家都不喜歡我、自己病得很嚴重、是個失敗者，反正就是任何會打擊你的事情。

問題在於，心理學家發現這類偏見後，通常只會表明，人類就是有這種現象，沒辦法改的。但有時這種說法不成立，透過各種練習，我們就能克服一些認知偏誤。即使避免不了，也並不代表不能採取一些步驟來減輕或反制它們的負面效應。既然你知道有驗證性偏誤的可能，就應該努力去尋找證據以否定最初的信念。人們容易高估外表好看的人的能力，知道這一點你就會更加謹慎，比如面試求職者時就會避免讓外表完全影響你的判斷。

關於所知與所做的差異，還有一個問題可談，就是它的社會面向，這牽涉到相關的重要性。我會特別注意到這點，起因於我針對抱怨所做的一份小型研究。我發現，雖說男人與女人的抱怨模式有不小的差異，但英國人與美國人的抱怨模式差異更大。這意味著，與英國女人相比，美國女人的抱怨方式還比較接近美國男人。發現這個現象後，於是我理解到，即使性別間有真實且恆久不變的差異，但比起不同文化背景，性別差異就沒那麼重要了。因此，即使這些性別差異確實存在，但這個事實沒有傳達任何訊息，告訴你試著改變它們有多重要。

馬克思有個著名的觀點：哲學家只有詮釋這個世界，但真正的重點卻在於著手改變它。但心理學的最大問題似乎就是太積極改變世界，但其最主要的任務應該在於嘗試理解它。從心理學研究歸納出一些結論，告訴人們該怎麼生活，根本就是耍人的花招。但也不可因噎廢食，但有許多洞見的確要歸功於研究人員對心智所做的科學探索與實驗。關鍵就在於運用研究成果，但不要過度詮釋。這也正是本書想達成的目的。我們盡可能謹守最可靠的心理學發現，若要從事實陳述延伸到實踐上的意義，也會努力留意哪些部分需要再提醒、解釋或仔細說明。在這些考量的背後，你可以歸結出一條原則：我們不可能單憑心理學發現，就建立起最正確的生活模式。但任何一種正確的生活模式，至少都要符合目前已知的人類真實想法與行為。美好人生必須與心理學發現的事實相容不悖，但心理學本身卻無法告訴我們究竟什麼才是美好人生。

第二十二章　給心理治療師的哲學

安東尼雅・麥卡洛

生活難題

生命充滿苦痛，有些是自找、可避免的，有些則是生而為人就完全無法逃避的。從職涯選擇或人際衝突等現實問題，到模糊難懂的議題，例如人生意義與目的，或是哪些沒有明確的答案道德兩難，不論我們如何努力地去迴避，它們還是在我們人生不同階段擋住去路。

這並不是說生命只有苦痛：當然也會有喜悅、興奮、分享、學習以及其他讓人感到快樂的美好事物。但不變的事實是，某些苦痛是絕對無法避免的。如果你夠幸運，可能不會遭遇某些逆境，例如離婚、孤單、貧窮或戰爭。但即使是最受到上天眷顧的幸福人生，最終還是無法逃避衰老、疾病與死亡。這也就是佛教的第一聖諦：人生皆苦。這項真理絕不會錯。

一種回應之道是追求靈性指引，希望用煥然一新的角度看待事情，進而減輕心靈上的負擔。各大宗教都嘗試要扭轉苦難的意義，把它們放進更大的架構、添上更多意義：業力與轉世、天堂與地獄等等。想要減輕負擔，該宗教的所有教義你都得深信不疑，但不少人認為這樣代價太大。

另外，你也可以試著培養不執著的心。與其不斷滿足各種欲望，想要以此追求幸福，你也可以反其道而行：降低欲望。如果你不把世間萬物的價值看太重，那麼失去的時候就不會太痛苦。佛教與斯多葛學派都推崇這種方式。不過放下談何容易，如果我們太疏離身邊的人以及周遭世界，所付出的代價可能是失去深度的生命經驗，尤其是人際關係。

然而，在追求幸福的那些時光，我們比較會將苦難當成是技術上待解決的問題，透過某些療程就有機會消除。接下來的問題只有如何找到正確的治療方式，讓自己解除心頭重擔，並且沉浸在永久的幸福之中，或至少能輕鬆度過人生。那要透過長年的精神分析，解開幼童時期的祕密？或者是透過認知行為治療法的十二週療程，去除自己的失功能信念（dysfunctional belief）？還是尋求藥物治療？

不知道從何時何地開始，生命的問題變成需要治療的疾病。《心理疾病的迷思》（*The Myth of Mental Illness*）作者湯瑪士·薩斯（Thomas Szasz）認為，這種情況源自於佛洛伊德：「他征服了人類實際上所有的境況，強行將它們全部劃給專業醫學。」[97]儘管佛洛伊德希望他所採行的治療方式完全符合科學，但還是承認：「可惜的是，在精神分析的領域中，每件事都與一般醫療不同。在精神分析的治療過程中，什麼也沒發生，只有病患與治療師的對話。」[98]

拉岡學派心理治療師達瑞安·里德爾（Darian Leader）說道：「傳統的心理療法是基於人性或精神價值，另一派則相信醫學介入才是根本。這兩派有極大的鴻溝。」[99]精神分析療法顯然是歸於前者。這番感慨是有道裡的，但又有點矛盾，因為治療師還是繼續使用「病患」、「治療」等術語，那是各種心理療法的

97 Thomas Szasz, *The Myth of Psychotherapy* (Syracuse University Press, 1988), p. 9.
98 Sigmund Freud, *Introductory Lectures on Psychoanalysis* (Penguin, 1973), p. 41.
99 Darian Leader, 'Therapy shows us life is not neat or safe. So why judge it by those criteria?' *The Guardian*, 10 December 2010.

核心觀念，精神分析療法也不例外。我認為，心理治療師如果繼續使用這類醫療用語，只會繼續造成誤解。

不論始作俑者到底是不是佛洛伊德，疾病的範圍越來越無所不包，連單純的生活難題都被歸入，彷彿無法收拾的漏油事件。美國精神醫學學會相繼推出了四個版本的《精神疾病診斷與統計手冊》，疾病範圍擴張得更快。

受到各界的普遍期待的第五版目前已經進入籌備階段（譯按：二〇一三年五月已於美國出版）。依據我們目前能得知的消息，幾乎可以預料到，會有更多正常現象會被歸為醫療狀況。我僅舉一個例子，某人喪親後，悲傷「症狀」持續超過兩週，在新版預定的標準下，就可能會被診斷為重鬱症（雖然兩週應該不算長）。這一定會嚴重影響我們對悲傷的認知。當我們學著接受失去時，一定會經過這個歷程。但這個由文化與性格形塑成的正常心理現象，將會變成病理症狀。

奇怪的是，診斷反而讓人感到安心。當我們困擾的問題有了名字，並且知道有許多人也同樣受苦，就特別容易感到安慰。你只知道自己是害羞的人，但醫生說你得了社交恐懼症。這個消息反而能安慰你，以前種種經驗都是合理的，一切都要怪腦內的化學物質，自己一點錯都沒有。

但是，這種病理化帶來的安心感是有代價的。藥物可能會讓你成癮，它的效果有限，副作用傷害卻很大。此外還會造成假象，讓你以為心理問題很簡單就可以治好，導致你變得被動，拒絕負起應有的責任。如果你期盼醫生或心理治療師搞定一切問題，不管是用藥物或魔法棒，你就會越不想付出努力，去做好分內的事來改變現況。

沒有一種心理治療可以使我們從生命的苦痛解脫。但即使無法消除掉所有的生命困境，至少我們能掌控那些自找的麻煩，並且學習好好面對無可避免的難題。基本上，這就是追尋智慧的過程，我們每個人都應該審慎地踏上這條路。但我們能借重哪些資源？是否應該去閱讀偉大哲學家的著作，或者是接受心理治療，抑或兩者並行？當你遭遇到人生的波浪起伏而需要外在幫助或指引時，應該求助於心理學家還是哲學家？

心理治療能夠為你做些什麼？

心理治療不是一種專業。我的意思是說，不論心理治療是不是「專業」，都不只有「一種」方法。單數名詞總是會讓人誤解。實際的情況比較像搖旗吶喊的各大門派，各有不同的理論預設與治療方式，也不大能長期和平共處。種類之多，有些門派本身之下還分出許多實踐方式，我想列個清單都不知怎麼怎麼開頭。

再來還有心理諮商。這種獨特的方法出自於美國心理學家卡爾．羅哲斯（Carl Rogers）的理論，但各方面與心理治療越來越像。兩者還是能區分出一些差異，但我認為重疊之處更多，因此我會交互使用這兩個詞彙。

心理治療逐漸滲入大眾的認知之中，但其實那些印象都來自心理分析。你很可能會聯想到這幅畫面：安靜的心理分析師，旁邊沙發上坐著病患，正在回憶他的童年生活；心理師解讀夢境、挖掘潛意識等等。然而這只是心理治療的部分面向。現今有各色各樣的方法，範圍非常廣。超個人心理學療法（transpersonal therapy）幾乎踩在宗教的界線上，英國精神綜合協會（Institute of Psychosynthesis）這麼說：「我們來打造靈魂。」。肉體精神療法（body psychotherapy）這一派則相信，人的早期心理創傷被困在身體裡面，所以得「釋放」它們。

在心理治療與諮商的模仿劇中，認知行為療法也扮演非常重要的角色。其最主要的觀念是：人的想法、行為與感受，三者有相當緊密的連結。找出並改變沒有助益的想法與行為，心情與感受就會跟著改變。認知行為療法的特色是療程短、主動性高，治療技巧很多，包含每天寫下心情與想法、各種行為實驗以及許多家庭作業等等。

認知行為療法頗受歡迎，隨即也獲得各界慷慨贊助，但同時也有許多人指責它「跟OK繃的功能差不多」。這的確也說中要點，通常檢視整個想法與感受的網絡比較有用，有些問題就是從中出現的。但換個角度來說，專門對付特定症狀也有其價值。通常我們得採取有實際成效的行動，因此，局部性、有限的介入治療是唯一可行的選項（不論原因為何）。

今日已經很難找到獨尊一家的療法了，現在流行的是大補帖。許多治療師與諮商師皆強調自己是「融合各家之道」，從不同鍋子裡撈出不同食材，組合成獨家配方：抓一把「動力心理學」（psychodynamics）、加上少許的「完形心理學」、大把灑上「認知行為療法」，最後搭配羅哲斯的「核心條件」（core condition）——來，請享用！這樣做有什麼不好？畢竟，不同的療法有不同的效果，為什麼不乾脆將每一家最有效方法集合起來一起用？不過事情沒這麼簡單。例如，並非每一派對「效果」都有相同的見解。除非我們先建構出某種一致的理論架構，否則就很難確定這種拼盤是否行得通。

除了大補貼的潮流，在我還看，還有一場爭鬥也在進行，即什麼才是心理治療的基本精神。主要爭點在於，心理治療與諮商是否應該更朝實證方法（evidence-based method）的方向前進，致力於在症狀、態度與行為上產生可預測的階段變化，以符合社會大眾的高度期待。它們也可能是一種對話，共同討論如何面對生命的挑戰。認知行為療法目前在實證方法這一塊拔得頭籌，其他的心理療法也不得不被迫做些調整。

有些學派則是逆向而行。「存在主義心理治療」（Existential therapy）傾向於避免使用各種診斷或療法，而是聚焦於每個個體作為人類的獨特經驗：價值觀、預設想法以及世界觀等等。心理治療師艾米・德意珍（Emmy van Deurzen）一直以來都強調，心理治療的目標是探索如何生活。歐文・亞隆（Irvin Yalom）則認為，讓人掙扎、使人求助於心理治療的各種問題，都是源自於存在的必然事實：死亡、自由與責任、孤獨以及尋找意義。

埃內斯托·斯皮內利（Ernesto Spinelli）則提出明確的質疑：「主流的觀念認為，對於人們的悲慘經驗，心理治療是一種專門且不可或缺的『療法』……心理師是最有資格的治療者。」[100]斯皮內利反對這觀點。他認為，心理治療的目的不是在心態與行為上帶來顯著的轉變。反之，治療的任務是闡明案主的存在方式，從他的經驗來理解，對他而言，存在的目的是什麼，以及如何存在[101]。這個任務也許能帶來改變，但不是由治療師指導達成的。

以當前的情況來看，心理治療可說一人分飾兩角，定位尷尬不明，在科學與人文間游走不定。一方面它有技術，能夠幫助人處理焦慮、憂鬱等困境，避免它們妨礙我們正常生活。但它也是關於人生與倫理議題的對話。普遍觀念認為，心理治療只能歸屬於其中一個陣營。但看來還是有並存的空間，因為兩種活動我們都需要，不論那是否為我們熟知的心理治療，或它能否成功完成任務。

當然，這兩種活動並非全然地相互排斥。最好也不要有那種情況，因為它們

100 Ernesto Spinelli, *Demystifying Therapy* (PCCS Books, 2006), p. 5.

101 Ernesto Spinelli, *Practising Existential Psychotherapy* (Sage, 2007), p. 80.

之間存在相當大的灰色地帶。有些人在困境中掙扎，身心耗弱，但深度探索自己生命的意義與價值還是對他們有幫助。許多人希望處事更有智慧，透過具體的步驟方法，他們就能夠實現想要的改變。

還有一種治療觀點，一方面重視生命的核心價值，也結合實際的練習，幫助人們展現那些價值，那就是接受與承諾療法。它是認知行為療法的第三波發展之一，不過在許多方面有自己專屬的範疇。在接受與承諾療法中，負面心理狀態是人類心智的正常現象，創始人史提夫·海耶斯（Steve Hayes）稱為「破壞性正常狀態假設」（assumption of destructive normality）[102]。我們都被誤導了，擺脫負面感受根本是錯誤的目標，不可能達成的。因此，不應該以心理狀態來設定我們的目標。我們反而應該學習保持正念，接受來去不斷的各種感受。這麼一來，我們就能夠與情緒保持適當距離，就算它們來擾亂，我們還是能繼續把重心放在自己人生真正重視的價值，不管當下自己的感覺為何。

另外一派也同樣重視價值與行動勝於感覺，創立時間較久也較少為人所知，創辦人是日本精神病學家森田正馬。森田療法中心思想是，我們無法直接控制內在經驗，因此必須學習接受情緒的波動起伏，並且採取有建設性的行動。感覺總是會隨時間淡掉，如果耗費太多精力試圖去控制，傷害反而更大。

你或許能透過心理治療去檢視從日常生活中產生的價值問題、兩難困境與存在議題，就看你選擇哪種途徑。但究竟能否獲得良好的相關指引，在很大程度上取決於治療師本人。如果這就是你想要的生命探索，心理治療也只能帶你走到這裡（搞不好最後會帶你走向完全不同的方向）。因此，我們為什麼不轉而求助人生智慧的專家？有了哲學人生會更好嗎？

哲學能為你做些什麼？

若要挑出最能用在心理治療的著名哲學理論，那斯多葛哲學當仁不讓。儘管他們的教導有些陳義過高，但還是很受歡迎，主要原因是能以迷人且精簡的答案解決日常生活中的各項難題。英國哲學家理察．索拉布吉（Richard Sorabji）對我說，斯多葛學派作為一種道德哲學，「會拍拍你的肩膀鼓勵你」。

102 Steven Hayes, Kirk Strosahl and Kelly Wilson, *Acceptance and Commitment Therapy* (Guiford Press, 2003) p. 6.

另一項原因在於，認知行為療法以及的創立人亞倫・貝克（Aaron Beck）以及理性情緒行為療法的奠基者艾伯特・艾利斯（Albert Ellis）皆深受斯多葛學說的影響。斯多葛派的哲學家愛比克泰德（Epictetus）認為：「事物本身不擾人，問題在於我們對它做出的判斷。」[103] 這項觀點公認為是上述兩項心理療法的創建基礎。

斯多葛學派的確留下許多話語，能幫助我們活得更有智慧。例如，塞內卡在書信中提到的問題，我們大多數的人遲早都得關切。斯多葛學派也是複雜而嚴格的哲學，核心概念在於，神聖理智管理世間一切秩序，我們的理性能力是它的一部分。因此，人類唯一能夠全權掌控的只有自己做出的理性選擇，我們應該無條件地重視選擇的價值。另一方面，對世間事物的欲望導致我們內心的情緒翻騰。我們選錯了價值，才會創造出這些煩惱，因此應該盡力避免。愛比克泰德將不執著提升到另一種層次，他寫道：「當你每天親吻孩子或妻子時，必須跟自己說，你所親吻的對象不過是個人類。那麼，孩子或妻子過世時，你就不會受折磨。」[104]

我們是否應該遵從如此嚴苛的教導？內心平靜當然是好事，採取這種無差別的疏離法或許能避免內心時時擔憂未來的痛苦，但貧瘠的生命就只能狹隘地專注在避免痛苦。不過，今日我們都清楚，情緒不會妨礙理性選擇過程，它甚至是內在環節之一。（當然，情緒還是會給我們帶來麻煩，要小心留意。）

我們當然能夠從斯多葛學派學到許多道理，但挑選有益的才是明智的做法。索拉布吉支持這個做法，甚至有些斯多葛派的哲學家也同意。斯多葛派有些觀點對我們大部分的人都有幫助，例如時常問自己：「這真的那麼重要嗎？」這有助於提醒自己，許多平常會擔心的事情其實並沒有那麼重要，不必像奴隸般地服從於自己衍生的各種欲望；養成習慣時時檢視情緒，提醒自己，我們多少能影響自己怎麼想以及之後如何感受；接受事實，生命中發生的事情許多都超出自己的控制範圍。

斯多葛學派也留給我們許多有用的練習，法國哲學家皮耶・華篤（Pierre Hadot）稱為「精神修煉」。[105]其中一項即為自我檢視：每天早上，我們應該想

103 Epictetus, the Handbook, *The Discourses* (Everyman, 1995), p. 289.
104 Epictetus, the Handbook, *The Discourses* (Everyman, 1995), p. 288.
105 Pierre Hadot, *Philosophy as a Way of Life* (Blackwell, 1995).

想自己希望依循的價值；到了夜晚，應該問問自己有沒有違背那些價值，實現了多少？

還有一項是「沉思未來可能發生的壞事」（*praemeditatio malorum*），包含預先考慮各種災難（苦痛、貧窮與死亡），隨時惦著生命的脆弱，讓我們意識到，任何可能會被剝奪的東西（也就是與理性無關的所有事物）應該都沒什麼意義。在當前的氛圍下，樂觀彷彿是心靈必要的配件，這種非正統的練習令人耳目一新，幫助我們培養更長遠的視野，並且學會珍惜每個當下擁有的一切。不過我們還是得謹慎，練習時心態要調整好，否則最終會陷入焦慮與沮喪，而不是獲得心靈平靜。

上古哲學有如人生智慧的金礦，因為焦點都在如何擁有美好的生命。我們前面已經歌頌過亞里斯多德。可是在後來的哲學界，明顯閃爍人生智慧的金塊越來越稀少，必須費心挖掘才能提煉出一些。除了深受世人喜愛、獨一無二的蒙田，我們得花很多時間才能討論出，關於如何生活，哪些哲學家講得比較多，比如維根斯坦或是海德格？

我先亮出底牌好了！我選維根斯坦。尤其是我發現他對「理由」與「原因」做出的區別與心理治療實務相關。比如，問你為什麼特別喜歡某一首音樂作品，你回答說，那能讓你心情平靜，或欣賞它錯綜複雜的編曲。這些是你喜歡的理由。你應該不會劈頭就開始解釋，喜歡那首曲子的感覺是聲波的頻譜以及腦神經活動造成的。理由是一連串的信念與欲望組成的，透過它就能解釋我們的行為。相對而言，原因則與當事人的感受無關，最好視為需要透過實驗才能驗證的假設。

理由與原因很容易被混淆。維根斯坦發現佛洛伊德的一些觀念很有趣，但認為他把這兩者搞混了，才使得他自己以及精神分析法變得一團亂。佛洛伊德試圖以無意識的因果機制去解釋的各種症狀與行為。例如，某個年輕女士有歇斯底里症狀，就他的理解，導因是被壓抑的性欲。然而，這既不是理由（患者本身並不知情），同時也不是原因（無法經由實驗驗證）。於是，我們只好把它當成臆測。直至今日，依舊有許多心理治療師尚未弄清楚這二者的區別。這也是為什麼人們總是誤以為心理治療就是在揭露隱藏的原因，但其實我們比較常探討理由。

如果你跟有酒癮問題的人一起討論問題，很快就會發現，對他們大多數人來說，最迫切的問題就是「我想知道自己為什麼要喝酒」。但這個問題是有歧義的，它引導出的答案可以是理由，也可以是原因。有酒癮問題的人想知道的是，究竟是哪些遠端因素（諸如基因、成長過程）讓他們想喝酒。這種問法很有趣，但若擺在心理治療與諮商的脈絡下，通常不會帶來最大助益。就算我們能得知相關的資訊，那又有什麼幫助？相對地，如果我們能夠挖出人們喝酒的理由（無聊、壓力大），就能善用它們，找出延伸的意涵、試著去挑戰它們。

相關問題複雜的多，無法用簡要的方式掌握重點。當然，在心理治療中，有時以原因來解釋也很重要。舉例來說，某人的行為是導因於器質性疾病（我第五章提到的戀童癖案例），那麼顯然就不需要再討論行為理由，而是改用相關的醫學治療。另外還有個問題是，越來越多的研究顯示，當我們提出自己如此行為的理由時，可能會受到自憐、嚴重自我欺騙影響。不論理由與原因的確實關係最後為何，留意兩者的分別還是有用的。也許無法每次都分得清楚，但至少在進行心理治療時，與其探討原因，把焦點放在理由收獲會比較大。

即使是晦澀難解的哲學概念區分，還是能夠幫我們釐清某些生命議題。若你想從哲學角度反思各種難題與困境，但不知從何開始，近年發展的哲學諮商法或許能提供些許幫助。跟心理治療一樣，只提到一種哲學諮商也會造成誤解。有些派別自認為與心理治療師出同門，有些則自負地表明原創立場，但它們都有一致的目標：將哲學注入行動當中。它不同於講課、個別指導或發表非宗教性的勵志演講等等（雖然有些哲學諮商師真的完全只依賴相關的哲學理論，一切以它們為依歸）。哲學諮商應該促使人們反思，引導並發展各種關懷，探索價值與概念體系，讓人們能看清自己行為的理由與後果。

這一整個過程可以取個好用的名字：「世界觀詮釋法」（worldview interpretation），這是我從朗・拉哈夫（Ran Lahav）早期著作找到的。[106]其核心概念在於，我們所做的每一件事情（包含選擇、希望、計畫、回應、感受）皆傳達出了對自己與整個世界懷有的哲學觀。當然，那絕對不會是發展成熟、概念一致的生命哲學，比較像是一些曖昧又有些矛盾的觀點組合，我們透過它思考重要的事、該追求的目標以及對他人的期待。探究自己的哲學觀，找出它內含的意義與延伸想法，把心裡的預設立場攤在陽光下，就能釐清自己在日常生活中遭遇的問題。

106 Ran Lahav, 'A conceptual framework for philosophical counseling: worldview interpretation', in Lahav and Tillmas (eds), *Essays on Philosophical Counseling* (University Press of American, 1995).

有些偏向哲學的心理治療派別會把自己歸到倫理學的領域，而非科學領域，它們也會做類似哲學諮商的工作。然而，哲學諮商可以明確宣告自己與心理治療的差異。如我們所知，它的招牌就是以理性探索觀念，試圖在抽象概念與日常生活之間織出密集交錯的連結。在通常情況下，心理治療師既沒有權威、也沒有哲學方法去指引人們穿越錯綜複雜的道德難題，或幫助人們對美好人生提出不同的見解。假設有位女士正考慮要不要墮胎，為了多少能幫上忙，我們可以讓她知道一些重要的道德論證，否則我們就只能支持她聽從自己的直覺，但那可能更是一點幫助也沒有。心理治療師有時也會被道德相對主義制約，那種立場在心理治療界並非不常見。

不過，哲學諮商師也可以從心理治療領域學習到許多東西，例如對案主的背景與肢體語言保持敏感，或是善用各種團體動力（interpersonal dynamics）——在治療關係中，有些線索可以看出案主於外面的真實世界如何與人互動，我們可以從中得知許多資訊。還有許多技巧可以協助人們把改變落實到生活中（當然，依據採用的治療派別，這些技巧多少有些幫助）。對於有好奇心且時常內省的人來說，最完美的療法便是結合哲學與心理學這兩大傳統中最棒的理論與方法。

結論　寧靜禱文

如果想找出放在推特上最有智慧的人生短語，那首選就是那些完全不告訴你該做什麼的勸世小語。神學家尼布爾（Reinhold Niebuhr）〈寧靜禱文〉就是一例。內文如下，但句省去了「神啊！」：

請賜予我寧靜，讓我接受自己無法改變的事物；
請賜予我勇氣，讓我改變自己有能力改變的事物；
請賜予我智慧，讓我分辨二者的差別所在。

之所以去除掉「神啊！」，其實有兩個理由。第一，不論你信不信神，這個建言的基本原則都是好的。法國科學家拉普拉斯的天文學架構中也沒有神，至少在類似的脈絡下，我們也不需要那種假設。

另一個理由是，寧靜、勇氣、智慧在你自身內都能找到。拿掉上帝之後，我們就能更清楚看到，這些寶貴的源頭其實都存於內心。因此，這篇禱文最好理解為向自己祈求。

讀者或許會感到奇怪，寧靜禱文雖然沒有告訴我們在任何具體情況下要做什麼，卻展現出撫慰與啟發的效果。因為它發揮了一個很重要的功能：它提醒我們，在極度痛苦與掙扎的情境底下，應該將注意力轉移到正確的問題上。

如果你正經歷某種艱苦的時刻，應該先問問自己，有什麼事情是你可以改變的。當然，提問題不難，難的是如何回答。有些事實是顯而易見的：你不能改變過去，不能讓人死而復生。除此之外，其他事物都還有討論空間。

在我們文化底下，有個難以挑戰的預設想法：只要有心想做，我們幾乎可以改變任何事物。我們有能力實現任何想做的事，這個信念與斯多葛派哲學大相逕庭，後者認為人類唯一能掌控的就只有自己的理性選擇而已。至於其他一切事物，諸如健康、財富或者在生命中會遇到哪些人等等，都是注定的，我們幾乎沒有什麼置喙餘地。

斯多葛學派可說太悲觀，但某方面也太樂觀。實際上，這些事情可分得更詳細。一方面，我們當然可以採取各種步驟，一步步改變很多處境。例如藉由飲食調整與運動就可以改善健康狀況。當然，我們只能一步步來，不能保證成果。另一方面，我們的理性選擇也是有其侷限。很多人都不相信這一點，但有太多研究報告指出，人類就是受制於一連串顯而易見的偏見，當中有些偏見來自於個人生活經驗，但更多是生而為人就會有的。

我們應當採納斯多葛學派的建議，但同時也必須努力地在改變現況與接受事實之間取得平衡。這並不代表我們就得接受毫無意義的工作、有負面影響的人際關係或甚至是某種性格特質——當你想改的時候，就應該努力尋求改變。與此同時，我們也要接受存在本身的缺陷、無可避免的不完美狀態以及無所不在的負面心態等等。也就是說我們得接受運氣所扮演的重要角色，一切掉在自己頭上的事情都逃不掉，因為它影響太大，可說大過一切我們能夠掌控的因素。我們還得接受存在主義哲學家所謂的「被拋入」（*throwness*）與「現實性」（*facticity*）概念：當我們發現自己是被拋入各種特定的現實處境中，但那並非自己所選擇的，就明白我們的自由是有限的。

寧靜禱文沒有提出方法來簡單區分可改變與不可改變的事物，因為根本就不存在這種方法。這就是為什麼我們需要培養智慧來判斷，是否真有可實行的方法來改變自己所處的某些具體情況。前面章節也討論過，實踐智慧並不是一種有規則的算術系統，而是一種取決於脈絡的藝術。

不管任何情況，我們都必須先去接受事物的本然樣貌。接下來，我們基本上也只有兩種選擇：接受無法改變的事實，但可以改變心態；或者找出改變的必要步驟，然後放手去做。

但其實這還不是最正確的版本。寧靜禱文的第二行真需要再加幾個字：

請賜予我勇氣，讓我改變自己有能力且應該改變的事物；

有些事情是可以改變的，但代價太大。假如你全心全力投入一項事業，或許能實現抱負，但最終會失去家庭。有些事情根本不可能實現，有些事情有一定的代價，權衡考量是很重要的。

雖然寧靜禱文沒有給我們實際的建議，但它卻提醒我們必須去評估眼前各種問題最根本的面向：是否可能改變、代價為何、應該接受現況或著手行動。更重要的是，它也告訴我們，評估過程中實踐智慧所扮演的角色舉足經重。最後，因為它並未硬性規定我們在實際上應該做什麼，這意味著它承認價值的多元性以及個體的自主性，每個人都有權力去決定對自己來說什麼才是美好人生。

因此，我們建議禱文的內容可以再稍微調整，也許更適合稱為「寧靜咒語」：

我會努力接受無法改變的事物；
我會努力改變有能力且應該改變的事物；
我會努力去尋求智慧分辨以兩者的差異。

跟大部分的人生建議一樣，說的永遠比做的簡單，但有說總比沒說好。

左岸｜身心學246
當亞里斯多德遇上佛洛伊德：哲學家與心理師的人生小客廳

作　　者　朱立安・巴吉尼、安東尼雅・麥卡洛
譯　　者　劉宗爲
總 編 輯　黃秀如
責任編輯　許越智
封面設計　張瑜卿
電腦排版　宸遠彩藝

社　　長　郭重興
發行人暨出版總監　曾大福
出　　版　左岸文化／遠足文化事業股份有限公司
發　　行　遠足文化事業股份有限公司
231新北市新店區民權路108-2號9樓
電話：02-2218-1417
傳眞：02-2218-8057
客服專線：0800-221-029
E-Mail：service@bookrep.com.tw
左岸文化臉書專頁：https://www.facebook.com/RiveGauchePublishingHouse/
法律顧問　華洋法律事務所　蘇文生律師
印　　刷　成陽印刷股份有限公司
初版一刷　2016年12月
初版四刷　2020年02月
定　　價　350元
I S B N　978-986-5727-47-5

國家圖書館出版品預行編目資料

當亞里斯多德遇上佛洛伊德：
哲學家與心理師的人生小客廳

朱立安.巴吉尼(Julian Baggini), 安東尼雅.麥卡洛(Antonia Macaro)著；劉宗爲譯. -- 初版. -- 新北市：左岸文化出版：遠足文化發行, 2016.12
面； 公分. -- (左岸身心學; 246)
譯自：The shrink and the sage : a guide to living

ISBN 978-986-5727-47-5(平裝)

1. 自我實現 2.哲學 3.心理學

177.2 105019311